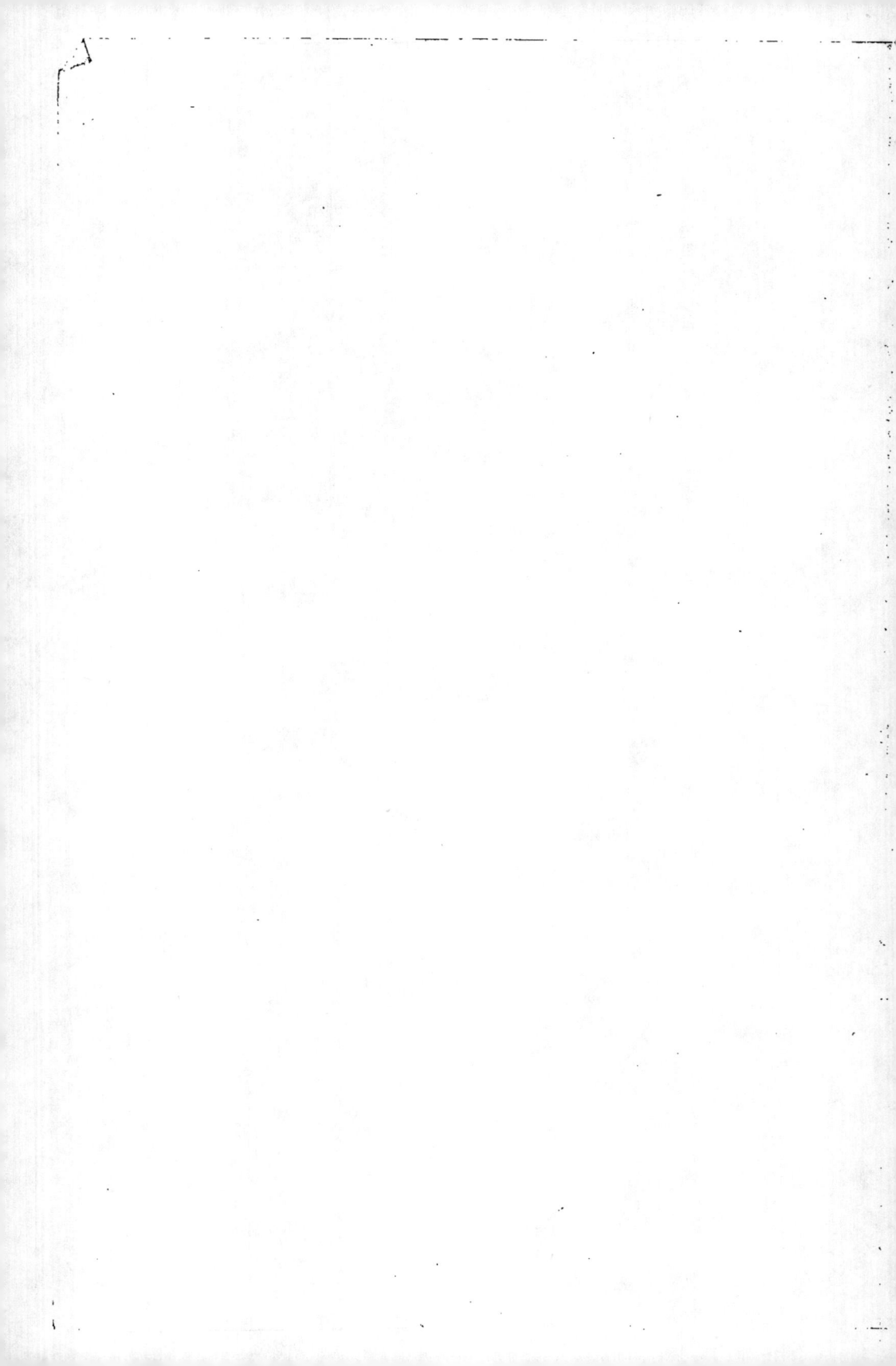

ACADÉMIE DE BESANÇON.

FACULTÉ DES LETTRES.

— ◇ —

THÈSE

HISTORIQUE ET LITTÉRAIRE

SAINT AVITE

ÉVÊQUE DE VIENNE, EN DAUPHINÉ,

SA VIE, SES ŒUVRES.

PAR

Auguste CHARAUX

Professeur de Rhétorique, au Lycée de Mont-de-Marsan.

———◦•◦———

PARIS

ARMAND COLIN et Cie Libraire-Editeur, rue de Condé, 16.

MDCCLXXVI.

SAINT AVITE

ÉVÊQUE DE VIENNE

SA VIE, SES ŒUVRES,

Par Auguste CHARAUX, Professeur de Rhétorique,

AU LYCÉE DE MONT-DE-MARSAN.

PARIS, Armand COLIN, Libraire-Éditeur.

MDCCCLXXVI.

A LA MÉMOIRE

DE

MON PÈRE ET DE MA MÈRE.

A MA FAMILLE,

Hommage de ma reconnaissance filiale
et de mon affection.

MONT-DE-MARSAN,
Typographie R. LECLERCQ,

1876.

—

SAINT AVITE

ÉVÊQUE DE VIENNE, SA VIE, SES ŒUVRES.

INTRODUCTION.

A l'entrée du Dauphiné, le voyageur aperçoit une ville coupée en deux par le chemin de fer ; c'est l'antique Vienne, Romaine d'un côté de la voie, moderne de l'autre. Peu de cités, ont conservé comme elle, l'aspect vénérable du passé ; on se croirait volontiers transporté à quinze ou vingt siècles en arrière, dans une de ces villes d'autrefois, dont le Midi conserve précieusement les restes, sans cesse rajeunis par son brillant soleil.

C'est à Vienne que naquit, vers 450, pour y devenir évêque plus tard, saint Avite, dont j'entreprends l'histoire. Son rôle, aussi grand, plus difficile que celui de saint Remi, ne lui a pas valu la même gloire. Cependant, pour ramener la Bourgogne à l'unité de la

foi, saint Avite eut à combattre un ennemi plus dangereux que le païen et le barbare ; cet ennemi, était
l'Arianisme ; il eut à triompher d'un prince aussi cruel
peut-être, plus subtil et plus savant que Clovis, hérétique en outre ; c'était Gondebaud. Il en fit cependant
un protecteur de l'Eglise ; il convertit Sigismond, son
fils, les enfants de ce dernier, avec eux une grande
partie des barbares Ariens : en les soumettant à la même
foi que les Gallo-Romains, il fonda l'unité politique et
religieuse de la Bourgogne. Les contemporains de saint
Avite, les docteurs des siècles suivants n'ont pas été ingrats à son égard. Au témoignage d'Enodius, (1) illustre lui-même par sa science et sa sainteté « l'habileté
semblait l'avoir choisi pour son sanctuaire de prédilec-
tion. » Grégoire de Tours, (2) qui vivait un siècle
après saint Avite, nous apprend « qu'il reste de lui des
lettres admirables et qui écrasèrent l'hérésie en fondant
l'Eglise de Dieu. »

Isidore de Séville (3°), qui florissait dans le vime et le
viime siècle, affirme que saint Avite « était très-versé dans
les lettres humaines. »

---

(1) Enodius Vita Epiphani, inter opera varia Sirmondi T. I.

(2) Grégoire de Tours. Lib. II ch. 34. « Exstant Epistolae ad-
mirabiles, quœ sicut tunc hærsin oppresserant, ità nunc Ecclesiam Dei ædificant.

(3) Isidore de Séville — (De Illustribus ecclesiæ scriptoribus.
Cap. 25-357. p.

Adon, (1) l'un des successeurs de saint Avite, au
siége épiscopal de Vienne, trois siècles après lui, dit dans
sa chronique : « qu'il lutta de toutes ses forces contre
« l'hérésie Arienne qui occupait alors la Gaule, l'Afrique,
« l'Espagne. Les œuvres illustres de sa plume l'attestent.
« Plusieurs fois son enseignement le mit en danger de
« mort, ou le fit menacer de l'exil par les hérétiques. »

Agobard, archevêque de Lyon, qui vivait au IXme siècle,
fait de saint Avite le plus bel éloge, en disant : (2) « Presque toute l'Eglise de Jésus-Christ connaît combien saint
Avite se distingua par l'orthodoxie de sa doctrine et par
son éloquence, » Il lui emprunte de fréquentes citations,
ainsi que Flore diacre de la même église, et lui reconnaît : « une grande (3) pénétration, une éloquence insi-
nuante, beaucoup d'onction dans l'explication des saintes
Ecritures. »

---

(1) Adon Chronique. (492). « Hic adversùs hœresin Aria-
nam, quæ tunc non solùm Africam sed et Gallam, Italiam que ex
parte occupaverat, magno sudore decertavit, quod clarissime
ejus opera testantur.... et multotiès pro eruditione ejus ab hœre-
ticis usque ad exsilium et mortem periclitatus est ... Insuper et
viva *voce declamando, quasi tonitruum exstitit.* »

(2) Agobard contrà Judaïcas superstitiones. « Avitus... quàm
eximius doctor Orthodoxus et facundus exstiterit penè tota novit
Ecclesia Christi. »

(3)   Id.   Id.   « Avitus ingenio acerrimus, sacra-
rum litterarum expositor suavissimus. » etc.

Le narrateur de la conférence entre les Catholiques et
les Ariens, tenue en la présence du roi Gondebaud, ap-
pelait saint Avite, qui y joua le principal rôle : « Un
« autre Tullius Cicéron... Sa figure, conforme à ses discours, était celle d'un ange. » (1)

Que d'autres témoignages moins illustres, viennent se
joindre à ceux-là ! Des manuscrits recueillis à Vienne et
en Westphalie, (2) les martyrologes de saint Jérôme, (3)
de Lyon, de Cologne, (4) la Flore des saints, sont una-
nimes pour affirmer la sainteté, le savoir de saint Avite
qui préserva les Gaules de l'hérésie Arienne. Enfin le
martyrologe Romain s'exprime à son sujet en ces termes :
« A Vienne, naissance de saint Avite, évêque et confes-
« seur, dont la foi, l'activité et la doctrine garantirent les
« Gaules de l'Arianisme. » La poésie n'a pas négligé
non plus de louer saint Avite. Fortunatus, qui vivait
sous Chilpéric, au 6me siècle, dans son poëme sur la vie
de saint Martin, le célèbre ainsi :

« Alcimus Avitus, en des vers remarquables, chante ce

---

(1) d'Achery spicilegium. Ed. 2e. p. 83 et 303. « Alter Tullius
faciem habens angelicam ut et sermonem. »

(2) Dans le monastère de Budliche des chanoines Réguliers.

(3) Martyrologe commencé par Eusèbe de Césarée, continué
par saint Jérôme, achevé par d'autres.

(4) On peut y ajouter les martyrologes de Richenau (Suisse) de
Centule (Picardie).

« que jadis là Généalogie avait développé dans son
« livre sacré. »

 « *Quod sacra explicuit serie Genealogus olim*
 Alcimus egregio digessit carmine præsul » (1).

 Son épitaphe recueillie dans le manuscrit West-
phalien de Budliche, épitaphe écrite, en vers éloquents, est
loin de démentir ce que nous venons d'énumérer de ses
vastes connaissances, de son éloquence qui « éclatait
comme la foudre » et de sa vertu. A ce long cortége
de glorieux apologistes, il serait possible d'en ajouter
d'autres, nombreux et plus modernes (2). Ils ne feraient
que répéter les mêmes éloges

 Ce qui peint mieux encore saint Avite que ces différents témoignages, ce sont ses lettres, ses homélies, ses
poësies ; ses épîtres (commentées par le père Sirmond),
nous ont été d'une grande utilité. Bien qu'il y soit,
quelquefois, défiguré par le style à la mode dans le
siècle où il vivait, le plus souvent il est lui-même, grâce
à la foi qui l'inspire, au zèle de la vérité qui l'anime ;
il peint ses ouvrages des traits de son âme.

 Après saint Avite, les principales autorités auxquelles j'ai eu recours sont : les Bollandistes, en indi-

---

 (1) De vita sancti Martini. Lib 1. Fortunatus.

 (2) Possevin, (16ᵐᵉ siècle) in Apparatu sacro. Bellarmin (Dispu-
tationes de controversiis fidei.) (1587) etc.

quant les sources où ils ont puisé, Grégoire de
Tours, presque contemporain de saint Avite et dont
l'impartialité, poussée même jusqu'à l'indifférence,
est notoire ; Adon, l'un des successeurs de l'évêque
de Vienne, bien placé pour le connaître ; Agobard,
savant évêque de Lyon, au ixme siècle, qui a étudié les
lois de Gondebaud, son règne, et saint Avite, dans les
lieux qui furent les témoins de salut te contre l'hérésie ;
enfin l'histoire littéraire de la France, par les religieux
Bénédictins de St-Maure.

Parmi les écrivains d'une époque plus récente, Messieurs Guizot, Ozanam, Ampère, Cucheval, Parizel,
Fustel de Coulanges, Révillout, m'ont aidé principalement à juger le poëte dans saint Avite, et aussi les
barbares qu'il sut adoucir. Pour ces derniers je me
suis également appuyé sur l'autorité imposante de
Montesquieu J'ai puisé, autant que possible, à toutes
les sources, j'ai consulté un très-grand nombre de témoignages ; j'ai même eu recours à deux ouvrages,
qui traitent de saint Avite et venus, l'un de l'Allemagne, l'autre de l'Italie, tous deux assez récents.

(1°) Parmi les sources auxquelles j'ai puisé, je ne dois pas oublier non plus Labbe, auteur d'une collection des Conciles.

(2°) J'ai étudié les œuvres de Saint-Avite, dans la patrologie de
Migne, d'après l'édition qui en fut faite au 18e siècle, par Galland.
(Ex bibliotheca Galland).

Grâce à Dom Pitra , j'ai rendu à Juvencus les vers
attribués mal à 'propos à l'évêque de Vienne. En
particulier Messieurs Delisle , Albert Rilliet , Ulysse
Chevalier , m'ont permis de faire connaître , après
eux, plusieurs homélies, ou fragments d'homélies dont
la découverte ne date que de quelques années. Puissé-je,
aidé de travaux si sérieux, avoir aperçu la vérité !

CHAPITRE PREMIER.

Naissance de saint Avite. — Sa vie dans le monde.

Saint Avite naquit à Vienne, en Dauphiné, vers le milieu du cinquième siècle : il se nommait Alcimus-Ecdicius-Avitus, suivant l'orthographe latine. Il était, dit-on, descendant de l'Empereur Avitus, né en Auvergne. Dans plusieurs lettres à Apollinaire, il parle des liens de parenté qui l'unissaient à ce dernier (1). Or, le père d'Apollinaire, Sidoine, avait épousé Papianilla (2), fille de l'Empereur Avitus, sœur d'Agricola et d'Ecdicius, célèbre par sa charité (3), et qui a pu donner son nom à saint Avite, son neveu. Ce dernier, parle aussi d'un oncle devenu évêque et qui (4) avant d'exercer le ministère sacré, avait tenu son rang dans le monde. Ne serait-ce pas Sidoine Apollinaire ? Sidoine avait une fille nommée Sévérienne, (5) la même, sans doute,

---

(1) Ep. S. Aviti. 38. — 45 « Fratri nostro Appollinari » 38. « Quamdam parentum communium sortem 45. »

(2) Grég. de Tours. Hist. des Francs. Liv. 2.

(3)   Id.   Id.   Liv. 2.

(4) « Cum que tibi genitor vel avunculus, undique magni,
     Post fasces placeant populorum sumere fascem » Ad Fuscinam sororem —
     Lib. 6. V. 660.

(5) Ad. Fuscinam sororem. Lib. 6. V. 87.

qu'une parente de saint Avite, citée par ce dernier, comme un modèle de virginité, à sa sœur Fuscine.

Quoiqu'il en soit de cette origine illustre, mais qui ne saurait être pleinement justifiée, saint Avite était, au moins, d'une famille fort distinguée de l'Auvergne, peut-être de l'illustre maison des Amicianus, fils et petit-fils de sénateurs, lui-même sénateur (1) Romain, sénateur Catholique, suivant ses propres expressions, descendant de magistrats et de ministres de Dieu. Son père Isichius, avait quitté le monde pour devenir évêque de Vienne ; il avait succédé à saint Mamert qui n'était point son parent, et qui baptisa saint Avite.

Le bisaïeul de ce dernier et son trisaïeul avaient été prêtres, l'un et l'autre, sans qu'on puisse dire avec certitude, quels étaient leurs titres dans l'église. Rien ne prouve qu'ils aient été évêques. saint Avite eut un frère, saint Apollinaire, évêque de Valence, une des lumières de l'église, dit la chronique d'Adon. Il souffrit la persécution de la part de Sigismond, roi de Bourgogne, pour avoir, lui et plusieurs autres évêques, excommunié Etienne, ministre du fisc, qui avait contracté un mariage interdit par l'Eglise.

Des deux sœurs de saint Avite, l'une, morte dès l'enfance, n'est connue que par les lettres de ses frères ; l'autre, Fuscine, la plus jeune, avait été, dès l'âge de douze ans, vouée à la virginité ; elle ne faisait que suivre l'exemple de ses parentes (2), Sévérienne, Aspida, Euphrosine, et une autre Fuscine. Ainsi saint Avite, peut-être petit-fils d'un empereur, entrait dans la vie, précédé d'un cortège de sénateurs, de prêtres, d'évêques, de vierges.

Enfin Apollinaire, fils de Sidoine Apollinaire, était à la fois le

---

(1) Ep. S.-Aviti 31. « Quasi senator ipse Romanus. » Id. 25. « Crediturus catholico senatori. »

(2) Poëma de Virginitate. V. 84. S. Q.

parent et l'ami de saint Avite ; c'était, de son temps, un critique distingué, un poëte, un savant, un évêque médiocre. Saint Avite élevé par un père qui avait renoncé à son épouse pour l'église, eut pour mère Audentia ; il nous la peint dans son poëme de la virginité. Quelques vers (1) adressés par celle-ci à sa jeune enfant qu'elle consacre à Marie, et qu'elle engendre pour le ciel, par la foi, après l'avoir déjà engendrée pour la terre, et dédiée au Christ, avant sa naissance, respirent une céleste tendresse. C'est une mère, c'est Audentia qui parle, bien que saint Avite écrive, mais avec un cœur ému au souvenir de son enfance ; c'est une mère qui rappelle à sa fille les vierges qui l'ont précédée dans sa famille, et qui après avoir fleuri sur la terre, « sont aujourd'hui couronnées dans le ciel : » Audentia devait nourrir la sainteté sous son toit.

Pour la science, saint Avite la puisa à l'école d'un Rhéteur célèbre, Sapaude, qui enseignait à Vienne, du temps qu'Isichius était évêque. Ce Rhéteur (2) avait une profonde connaissance des chefs-d'œuvres d'Athènes et de Rome ; il parvint à ranimer le goût des études sérieuses ; il était lui-même le disciple et l'ami de Claudien-Mamert qui nomme Sapaude le restaurateur des lettres.

Du reste, saint Avite, dans une lettre au Rhéteur Viventiolus,

---

(1) Poëma de virginitate. V. 75.

> « Ortu quarta quidem, sacro sed munere prima,
> Dulcis nata mihi, cœlo quam carne fide que
> Bis genui, Christo que rudem de ventre dicavi,
> Hactenûs hoc nostrum fuerat, sed tempore ducto
> Jam decet esse tuum etc.

(2) Patrologie latine de Migne : T. 53. Epistola Mamerti Claudiani ad Sapaudum. « Unum illud procul ambiguè dixerim, sæculo nostro, non ingenia sed studia deesse. Quorum egomet studiorum quasi quamdam mortem flebili, velut epitaphio tumularem, nisi tute eadem venerabili professionne, laudabili solertia, acri ingenio, profluente eloquio ressuscitavisses. » Sidoine Appollinaire fait aussi l'éloge de Sapaude. Lib. 5. Epit. 10.

qui l'accusait d'avoir commis une faute de quantité en prononçant
une homélie, se justifie complètement, s'appuie sur l'autorité de
Virgile qu'il connaît à fond, raille agréablement son détrac-
teur, et rappelle l'ardeur, dont il brûlait pour les lettres, dans
son jeune âge, ardeur bien amortie par les années, ajoute-t-il,
avec modestie (1). On peut croire également que saint Avite, qui
lutta dans l'intérêt de la vérité et de Gondebaud, contre Eutychés
et démasqua les hérétiques de l'Orient, connaissait la langue
Grecque. Sa première lettre, où il donne l'étymologie d'un mot
Hébreu (2), fait penser qu'il avait étudié la langue hébraïque.

Il est donc certain que l'esprit de saint Avite fut cultivé avec
soin, comme son cœur ; mais on a peu de détails sur sa vie, dans
le monde, avant son épiscopat. Quand il devint évêque, vers l'an
490, à la mort de son père Isichius, auquel il succéda, il avait
environ quarante ans : il était marié et père d'une nombreuse
famille. Il déplore même, dans une de ses lettre, les dérèglements
ou la mort d'un de ses fils. Il ne peut être ici question, comme
plusieurs l'ont cru, d'un enfant illégitime. L'expression (3) dont
se sert saint Avite, indique la douleur et non le repentir. La
suite des idées, la fermeté et la dignité du langage ne permettent
pas d'interpréter le passage discuté, en mauvaise part.

Rien ne prouve, non plus, qu'il ait continué, pendant son épiscopat, à vivre avec son épouse, et qu'il en ait eu un fils (4) ; ou

---

(1) S. Aviti Ep. 51. « Fateor istud potuisse contingere, præsertim mihi,
cui si qua in annis viridioribus fuerunt studia litterarum, omnia fert aetas.

(2) Dans cette première lettre, saint Avite donne l'étymologie du mot :
Corban.

(3) S. Aviti. Epit. 49 « nec multos filios habere me negabo qui unum ex
eis peperisse jàm doleo. »

(4) M. Naëf (Bibliothèque universelle de Genève. Quelques mots sur Avitus
évêque de Vienne, en Dauphiné) affirme à tort, la légitimité du mariage des
prêtres à l'époque de saint Avite et s'appuie sur la phrase : « nec multos... »
Elle ne prouve pas que le fils dont il est question, fût né, du temps que saint
Avite était évêque ou prêtre.

qu'il ait toléré, chez d'autres, une semblable conduite. Tout fait croire, au contraire, qu'il dut se séparer de sa femme, comme l'or-
donnaient, à cette époque, les canons des divers conciles à tous
les prêtres mariés et cependant revêtus du sacerdoce. Du reste,
St Avite, ce sévère réformateur, aurait-il pu élever la voix, comme
il le fit, en faveur de la discipline ecclésiastique, au concile
d'Épone et dans ses lettres, s'il avait, aux yeux de tous, enfreint
les lois qu'il défendait, lois établies par plusieurs conciles, dégra-
dant les clercs supérieurs, (1) qui continuaient d'être époux, ou
interdisant, pour le moins, aux prêtres attachés à la concupiscence
conjugale, d'offrir le sacrifice ou de l'administrer au peuple (2).

(1) Concile d'Agde, canon VIII (506). — Sirmond, Conc. Ant. Galliæ T. 1.

Labbe, concilia. Ep. 1. Siricii, Ep. 2 et 3 Innocentii.

(2) Concile de Tours, en 461. « Pour nous, nous avons décrété que le prêtre
ou le lévite attaché à la concupiscence conjugale, et qui ne cesse pas de devenir
père, ne montera pas à un grade plus élevé, et n'aura pas la présomption d'offrir à Dieu le sacrifice ou de l'administrer au peuple. Qu'il leur suffise de ne pas
être éloignés de la communion. Canon 2.

Chez les Arvernes, après Stremonius, pontife et apôtre, le premier évêque
fut Urbicus, sénateur converti, ayant une épouse qui, selon la coutume ecclésiastique, vivait religieusement éloignée de la Compagnie du prêtre. Grégoire de
Tours : Hist. des Français. Liv. 1. Chap. 39.

CHAPITRE DEUXIÈME.

Premières années de l'Épiscopat de St-Avite. — Le rachat des captifs. — Lettre adressée à Clovis, par l'Évêque de Vienne, à l'occasion de son baptême.

Nous connaissons, autant qu'il est possible, et d'après de rares documents, St-Avite, dans le monde, avant son épiscopat. Notre véritable tâche est maintenant d'étudier l'apôtre et l'écrivain. Le rôle de l'évêque en face de Gondebaud, de Sigismond et des Ariens ; dans son diocèse, et hors de son diocèse comme métropolitain ; dans les conciles, dans sa famille, avec ses amis ; en un mot *dans les Gaules* ; son rôle, *à l'extérieur*, vis-à-vis des papes et des schismatiques d'Orient, divisent naturellement sa vie en deux parties distinctes. L'écrivain et le poëte complèteront cette thèse.

Les premières années de l'épiscopat de saint Avite sont peu connues ou ne sont marquées par aucun événement important. Vers l'an 494, sa générosité pour les malheureux, sa charité apostolique éclatèrent dans leur grand jour. Gondebaud, roi de Bourgogne, avait entrepris, quelques années avant, une expédition en Ligurie, et enlevé des milliers d'esclaves. C'était une de ces invasions barbares, que les Germains, établis dans les Gaules, à titre de soldats de l'Empire, mais de soldats indociles, avaient coutume de faire, pour assouvir leur soif de pillage et d'aventures. Souvent plus nombreux que Rome ne l'avait demandé, dans les lieux où elle les envoyait à titre de colons (1), ou pour la défense de ses frontières, rendus plus audacieux par leur nombre, poussés aussi par la nécessité, ils ravageaient pour vivre, si l'on résistait à leurs exigences, et se faisaient ainsi conquérants par force. Sortis de leurs limites, pour guerroyer au loin, et devenus les oppresseurs de ceux qu'ils étaient chargés de protéger, ils enlevaient, avec eux, en partant, comme butin de guerre, et suivant l'usage de ces temps là, une partie des hommes, (2) des femmes, des garçons : le tout, captifs et dépouilles, se rapportait en commun et l'armée le partageait (3).

C'était entr'eux, aussi, qu'ils exerçaient leur humeur batail-leuse, ou contre les Romains eux-mêmes, témoin Clovis, conqué-rant de la Gaule sur Syagrius et les Germains ; de sorte que, sans compter leurs propres esclaves, ils en acquéraient de toute race et de tout pays. S'ils s'établissaient solidement quelque part, (4) une fois que les violences de la première occupation avaient pris fin, ils laissaient volontiers, aux Gallo-Romains, par convention, ou plutôt à l'amiable, une grande partie des terres, pour les cultiver, la plus grande partie des esclaves aussi, et prenaient pour eux les vastes pâturages et les grandes landes où ils pouvaient chasser et mener paître leurs troupeaux. Jadis

---

(1) Ammien Marcelin. Histoire des empereurs Romains. L. 28. Chap. 15.

(2) Aimoin. L. 1. Chap. 12. Histoire des Français.

Grégoire de Tours. Hist. des Francs. L. 2 et L. 6.

(3) Montesquieu. Esprit des Lois. Liv. 30. Chap. 11.

(4) Montesquieu. — Esprit des lois. Liv. 30 Ch. 11. « Le corps tout entier de l'histoire prouve qu'après le premier établissement, c'est-à-dire après les pre-miers ravages, ils reçurent (les barbares) à composition les habitants et leur laissèrent leurs droits politiques et civils, etc. » Loi des Bourguignons tit. liv § 1. « Licet eo tempore quo populus noster mancipiorum tertiam et duas terrarum partes accepit etc. »

« Ces deux tiers dit Montesquieu (ch. 8. Liv. 30) « ne furent pris (par les Bourguignons,) que dans de certains quartiers qu'on leur assigna. »

errants (1) dans les forêts de la Germanie, assez peu soucieux de
l'agriculture, soumis à des rois et à des prêtres, attachés avec une
soumission aveugle à des chefs qu'ils s'étaient choisis parmi les
plus braves, qui devaient les conduire à la guerre et leur parta-
ger le butin (2) à titre de récompense, de bienfait, de distinction,
ils gardèrent quelque chose de leurs anciennes mœurs et im-
plantèrent peu à peu, dans les Gaules, l'esprit féodal, par l'in-
vestiture des armes et le partage des dépouilles ennemies, l'esprit
de la chevalerie, par le point d'honneur, (3) le respect qu'ils portaient aux femmes et le rang qu'ils leur donnaient dans la société.

Les Burgondes en particulier, dont il est ici question, étaient
entrés une première fois dans l'Empire, sous Valentinien, (370)
au nombre de quatre-vingt mille, mais en ennemis ; vers 413,
le gouvernement Impérial les établit entre les Vosges et le Rhin,
on ne sait à quelles conditions, peut-être comme (4) auxiliaires ;
depuis, leur domination s'étendit presque sans résistance. Ils
étaient convertis à l'Arianisme et gardaient encore, au fond du
cœur, cette grande image de l'Empire qui les flattait, mais qui
ne leur inspirait que peu de crainte ; à moitié barbares, à moitié
chrétiens, avec un léger vernis de douceur et de civilisation, (5)
dans un pays converti au catholicisme et civilisé jusqu'au raffinement, ils avaient des rois qui rendaient encore aux Empereurs
de Constantinople, l'hommage d'un vain respect, se paraient volontiers comme Clovis, de la pourpre consulaire, obtenue sans
peine, pour en imposer à leurs propres soldats et calmer les scru-

---

(1) Tacite. De moribus Germanorum (nulli domus aut ager....) Commen-
taires de César. Liv. 7. Guerre des Gaules.

(2)   Id   Id.   Montesquieu. — Esprit des lois. Liv. 30. Ch. 3.

(3) Montesquieu. L. 28. Chap. 21.

(4) Essai sur l'établissement des Burgondes, par le baron F. de Gin-gins.
Ch. 1. P. 12.

(5) Ozanam. — « Il fallait encore gouverner les intelligences Les Romains y
avaient pourvu par l'établissement des écoles publiques. » (Etudes germaniques
T. 1. Chap. 6. P. 372).

pules de leurs nouveaux sujets (1) ; ils s'avouaient ainsi vassaux de l'Empire. Quant aux Gallo-Romains, qui avaient partagé leurs propriétés avec l'étranger (2), ils partageaient aussi les faveurs du souverain, exerçaient auprès de lui les plus hautes fonctions et gardèrent leurs franchises municipales. Riches, somptueux et lettrés, on les vit, à la cour, lutter pour obtenir les faveurs royales, contre les barbares encore revêtus de leurs peaux de bête ; tenus civilement dans une certaine infériorité, condamnés à des amendes plus fortes que les Burgondes, en même temps qu'ils étaient un objet de haine et d'envie pour le clergé Arien, ils se trouvèrent, un certain temps, en butte aux violences des hérétiques, et entravés dans l'exercice de leur culte (3).

C'est au sein de cette double (4) population, que saint Avite, Gallo-Romain de naissance, dut vivre, avant et pendant son épiscopat et défendre les orthodoxes contre les hérétiques, amener doucement les barbares à la foi, par l'exemple de leurs souverains, et aider saint Remi à fonder la France Catholique.

---

(1) Ozanam. « Clovis reçoit d'Anastase les insignes du consulat, et long-temps ses successeurs se considèreront comme des magistrats Romains. » (Etudes Germaniques. L. 1, Chap. 6. P. 405.)

(2) Burgondiones partem Galliæ occupavere et terras cum Galliæ diviseré senatoribus » Marii chronicon » Hi nimirùm sunt quos jandudùm perpeti inter clementiores barbaros Gallia gemuit.» Sid. Apoll. Ep. 7. L. 3. P. Orose (Hist. L. 7. Chap. 32), parle aussi de la douceur et de l'humanité des Burgondes.

(3) S. Aviti, Ep. 24. « Dùm adversa acies odia privata publica obsidione circumdat. »

S. Aviti Ep. 29. « Festivitate præsenti quæ sollicitudinem vestram non minùs explorandis hæreticorum conatibus, quàm nostræ partis occupat cultibus celebrandis. »

(4) Au sujet des invasions barbares nous avons encore consulté Naëf. « Quelques mots sur saint Avite évêque de Vienne. » Fustel de Coulanges « Histoire des institutions politiques de l'ancienne France. » Ch. 2, 3, 4, 5, 6, 7 et 8. Zeller. — « Histoire de l'Allemagne, 1er volume. »

(4) bis. — « Les deux nations étaient également admises aux premières dignités de l'Etat. »

Essai sur l'établissement des Burgondes, dans la Gaule, par le baron F. de Gin-Gins, p. 98.

Apprécié de Gondebaud, roi des Burgondes, qui n'osa jamais se convertir à la vraie religion, malgré les convictions de sa noble intelligence, il en fit, du moins, un protecteur de la foi. Ce monarque, lettré, savant et barbare, qui publiait des lois assez humaines et ordonnait le meurtre d'un de ses frères, avait, un jour, laissé la théologie, pour envahir le pays des Liguriens ; il en avait ramené de nombreux captifs. Plus tard Théodoric-le-Grand, roi d'Italie, s'indigna (494) de voir le nord de l'Italie dépeuplé et la culture abandonnée. Il pria St-Ephiphane, (1) évêque de Pavie, de se rendre auprès de Gondebaud et d'en obtenir le rachat des prisonniers. Le roi, vaincu par l'éloquence du saint évêque, n'exigea de rançon que pour ceux qui avaient été pris les armes à la main ; il en renvoya six mille, de son plein gré et sans exiger rien en retour de sa générosité ; mais les autres étaient si nombreux, que l'or confié par Théodoric à St-Ephiphane, ne suffit pas. Ce fut St-Avite qui trouva le surplus avec la charitable Syagria, pieuse dame, surnommée le trésor de l'Eglise par la reconnaissance de ses contemporains. St-Avite eut aussi recours à divers évêques, pour accomplir cette œuvre de justice et de charité, en un temps de violence, où la vie et la liberté des hommes étaient comptées pour rien. Dans sa lettre à St Césaire, (2) il lui recommande un évêque d'Italie, Maximien ; par une allusion, sans doute, aux prisonniers Liguriens, il lui rappelle que sa charité est de tous les pays où elle peut s'exercer ; une autre lettre est adressée à St-Eustorge (3), évêque de Milan ; elle respire une bonté délicate. St Avite le remercie d'avoir bien voulu l'employer dans une œuvre où Eustorge avait eu la plus grande part, en lui envoyant l'argent nécessaire.

Indépendamment du rachat des captifs de la Ligurie, d'autres (4)

---

(1) Enodius. Vita S. Epiphani.
(2) S. Aviti, Ep. 9.
(3) S. Aviti, Ep. 8.
(4) S. Aviti, 10, 42, 43 et 44.

lettres, en particulier celles qui s'intéressent à un jeune prisonnier, fils de Laurent, personnage illustre de la cour de Constantinople et rendu à son père, en partie, grâce aux efforts généreux de Sigismond et de St-Avite, sont un nouveau témoignage de l'active bonté de ce dernier. Elles peignent à la fois l'auteur et son époque, l'auteur par l'air de modestie et de douceur qui ne l'abandonnent jamais, l'époque par la subtilité de l'expression, le raffinement et l'obscurité du langage. Mais où le cœur de l'évêque se découvre tout entier, c'est dans la lettre qu'il écrit à Clovis, pour le féliciter de sa conversion. Il n'avait pu assister à l'imposante cérémonie du baptême qui eut lieu le jour de Noël (1) et à laquelle le roi des Francs l'avait invité ; il se dédommage en lui écrivant ; il l'encourage, il le presse ; il a senti tout ce que le jeune prince pouvait en faveur de la vérité : « Votre foi, lui dit-il, est notre victoire : la plupart, d'ordinaire, quand les exhortations des prêtres ou celles de leurs amis les engagent à rechercher la saine croyance, opposent l'habitude de leur famille et l'usage de leurs aïeux. Ainsi ils préfèrent au salut une honte funeste. Mais après la merveille d'une telle action, que cette honte funeste s'évanouisse et ne serve plus d'exemple ! »

Saint Avite veut donc faire de Clovis, dans la foi, un conquérant pacifique ; Clovis a vaincu son respect humain ; il vaincra celui des autres ; aussi l'évêque peut lui dire : « Votre foi sera notre victoire, » c'est-à-dire la victoire de la vérité, par votre exemple.

Plus loin, il compare son héros au soleil, qui répand au loin ses rayons ; il se félicite « que son baptême ait eu lieu à l'anniversaire de la naissance du Christ, et qu'il soit né à la vérité, le jour où l'Eglise célèbre la naissance de Jésus-Christ, venu pour sauver le monde. » (2)

---

(1) Epit. S. Aviti 41. Cette lettre corrige l'erreur où était Hincmar pour avoir avancé que ce fut la nuit de Pâques où Clovis fut baptisé.

(2) Le pape Anastase écrivait à Clovis, avec un rapprochement analogue : « Nous nous félicitons de ce que votre conversion commence avec notre pontificat. »

Il y a là quelque emphase, sans doute ; mais dans ce langage qui n'est pas sans grandeur, il est facile de saisir un simple rapprochement qui devait plaire à Clovis et l'encourager sans l'énorgueillir.

L'evêque de Vienne fait encore l'énumération, peut-être un peu longue des qualités chrétiennes du roi converti ; (1) il fallait quelques précautions avec ce conquérant, encore barbare, capricieux comme l'enfant, sensible à l'éloge, rebelle à la sévérité.

Enfin, saint Avite engage Clovis à répandre la sainte influence du christianisme, par des ambassadeurs dans les contrées ultérieures, (au-delà du Rhin), chez les barbares, qui demeurés dans une ignorance réelle, n'ont pas encore été corrompus par les germes d'aucun dogme pervers. Il doit briller sur les Francs, par le diadème, sur les peuples étrangers par la majesté de la religion.

Il n'y a pas lieu de s'étonner que l'évêque, en terminant sa lettre, nomme Gondebaud le soldat de Clovis. C'est une formule banale de politesse et de dévouement (2).

Cette même Epître recommande au roi le fils de Laurent, réclamé par Anastase, et qui aura la bonne fortune, enviée par saint Avite, de voir le monarque Franc, avant de rejoindre son père.

Si nous avons insisté sur cette lettre importante, c'est qu'elle peint admirablement l'évêque de Vienne. Tout en le montrant

---

(1) Rien ne nous prouve que Clovis ne fût pas *humble*, surtout dans les temps de sa première ferveur ; sa *clémence*, il l'avait montrée, en rendant à la liberté presque tous les prisonniers de Tolbiac ; si saint Avite le traite de *parfait*, il faut l'entendre dans le sens théologique, c'est-à-dire confirmé dans la foi.

(2) Ducange. Glossaire de la basse Latinité ; verbo, *miles*.

Guizot. Histoire de la civilisation. L. 6 p. 533. Les mots *miles, militare*, désignaient toute espèce de services envers un supérieur. A la rigueur les victoires de Clovis avaient fait de ce dernier le supérieur de Gondebaud, envers lequel il pouvait, par la plume de saint Avite, employer une formule banale de dévouement et d'humilité.

fidèle au roi Gondebaud, son maître, roi de sa nation ; elle découvre sa noble passion pour la vérité, son admiration pour le jeune prince qui a eu le courage d'en embrasser le parti, et qui pourra en étendre pacifiquement l'Empire par des ambassades. Aussi cette phrase : « Chaque fois que vous combattez là-bas, nous triomphons » ne peut-elle avoir que le sens d'un compliment emphatique, (1) ou elle signifie : « chaque fois que vous luttez contre l'erreur, l'influence de vos succès affaiblit l'hérésie parmi nous. » Rien ne donne à penser que saint Avite, à propos de ces victoires éloignées, quelles qu'elles fussent, ait appelé, sur la Bourgogne, les armes de Clovis. Tout au plus, peut-il être question des Alamans, vaincus récemment à Tolbiac et qui avaient été les agresseurs. S'il y a une arrière-pensée, dans cette épître, c'est au sujet de Gondebaud. L'évêque a pu croire, en effet, que l'exemple de Clovis vaincrait le respect humain de son maître ; dès les premières lignes, il décrit les pernicieux effets de ce défaut vulgaire, et ce qu'il en dit d'une manière générale, il pouvait l'appliquer à son roi, dans le secret de son cœur. Il avait fait de vains efforts pour l'amener à une conversion publique et la fermeté de Clovis lui inspirait d'autant plus d'admiration qu'il avait plus à lutter, et toujours inutilement, contre un caractère faible, un esprit tortueux. Il était même, moins ébloui peut-être par l'image du roi Franc, que douloureusement oppressé par les résistances de Gondebaud, dont il aurait voulu, dans sa pieuse émulation, faire le Clovis de la Bourgogne (2).

---

(1) Presqu'à la même époque, Théodoric, roi des Osthrogots, terminait ainsi une lettre à Clovis : « Votre conservation est notre gloire ; tout ce que nous apprenons de vos prospérités, nous le regardons comme un avantage pour le royaume d'Italie. Liv. 2. Ep. 41. (Opera Cassiodori, variarum.)

(2) Saint Avite si influent en Bourgogne était aussi très-estimé chez les Francs, lié avec saint Rèmy, honoré par Clovis qui lui avait fait parvenir la nouvelle de sa conversion, en l'invitant à son baptême. (Hoc quoque regionibus nostris divina pietas...) Trois siècles plus tard, Hincmar évêque de Reims demandait à Adon de Vienne, une lettre écrite à saint Remi, par saint Avite.

Nota. — C'est par erreur que St Avite affirme que l'Empereur Anastase était catholique.

CHAPITRE TROISIÈME.

**Saint Avite en Bourgogne. — Saint Avite
et Gondebaud. — L'Arianisme. — Conférence tenue entre les Ariens et les
Catholiques, sous la présidence du roi
Gondebaud.**

Gondebaud, dont nous allons étudier les rapports avec saint
Avite, était fils de Gondioc, et sans doute neveu de Chilpéric, souverains l'un et l'autre, à la même époque, d'une partie de la Bourgogne. Ce ne fut pas, malgré ses crimes, un prince ordinaire.
Vers 470, il avait succédé à son père, avec ses trois frères,
Chilpéric, (1) Gondomar et Godégisèle. S'il en eut d'autres,
comme c'est possible, ils étaient trop jeunes pour exercer le pouvoir. Attaqué par Chilpéric et Gondomar, chassé de ses états, Gondebaud fut obligé de s'enfuir en Italie, où il se fit l'ami du fameux
Ricimer, et joua un rôle assez important. (2) De retour en Bourgogne et vainqueur de ses ennemis, il fit périr Chilpéric et sa
femme, exila leur fille Clotilde, qui épousa Clovis ; on ne sait ce
que devint Gondomar. Plus tard, irrité de l'alliance que Godegisèle
avait conclue, avec le roi des Francs, contre lui, Gondebaud, au

---

(1) Frédégaire. Epitomata. — St-Grégoire de Tours. L. 2. Hist. des Francs.

(2) Gibbon. Ch. 36, ad annum 472. Histoire de la décadence et de la chûte
de l'empire Romain.

mépris des traités, attaqua son frère, le bloqua dans Vienne, et le laissa brûler, lui et un grand nombre des siens, dans une église. Il n'est pas certain toutefois que Gondebaud ait ordonné cette mort cruelle. C'est ainsi qu'il demeura seul possesseur de la Bourgogne, qui s'avançait au Nord, jusqu'à Langres et Nevers, à l'Est jusqu'à Genève, au Sud, jusqu'aux Alpes-Maritimes, Grées et Pennines, au Sud-Est, jusqu'à Valence. Satisfait dans son ambition, il montra quelque amour de la justice et même de la vérité.

Les lois Gombettes, qui portent le nom du roi Gondebaud, bien que son fils Sigismond, les ait achevées, (1) (517) le montrent plus favorable aux Gallo-Romains que ses prédécesseurs; il les publia en 501 ou 502, et les perfectionna ensuite. Montesquieu (2) en a jugé quelques unes dignes de son attention. C'était du reste, un prince instruit, qui traduisit, en latin, le grec des controverses orientales (3); il avait du goût pour les discussions théologiques, auxquelles il prenait part, non-seulement avec savoir et chaleur, mais encore avec convenance. (4) L'évêque Enodlus de Pavie (5), ne se lassait pas de louer son éloquence, Théodoric-le-Grand vantait sa prudence. Un autre personnage distingué s'étonnait de voir uni à cette ardente intelligence, à cette abondante élocution, l'art d'écouter, tout en scrutant la pensée de ses interlocuteurs. (6)

Gondebaud avait donc de grandes qualités d'esprit, de plus il

---

(1) Histoire du droit Romain, dans le moyen-âge. Traduction de l'Allemand par M. de Servigny, T. 2. P. 1 et 4.

(2) Montesquieu. Esprit des Lois. Liv. 28. Chap. 1 et 14.

(3) S. Aviti. Ep. 3. « Cujus (Eutychetis) idem Acacius, ut Celsitudo vestra potest habere compertum, etc. »

(4) S. Aviti. Ep. 21. « Placidus tamen, nec aliquid à supercilio dominandi turbulentæ commotionis interserens. »

(5) Max. Biblioth. Vet. Patrum. T. 9. Opus Enodii. Vita S. Epiphani p. 390.

(6) Cassiodori, variarum. Lib. 4. Ep. 2. Inter Ep. S. Aviti, rescriptum viri illustris Heraclii. Ep. 48.

était bien instruit de la religion catholique .(1) Grégoire de Tours nous apprend même, qu'en réalité, les croyances du roi Bourguignon avaient cessé d'être Ariennes (2) ; mais si son intelligence était convertie à la lumière, sa volonté n'avait pas triomphé de la peur que lui inspiraient les Ariens. De son côté, St-Avite trouvait à Gondebaud l'esprit royal et philosophique ; (3) or personne ne pouvait mieux le connaître ; admis dans son intimité, traitant avec lui les points les plus délicats de la religion, il lui parlait avec une entière franchise ; un jour même il lui écrivait : « Usant, à la fin « de ce discours, de la liberté que (4) vous m'avez non-seulement ac- « cordée mais imposée, je conjure Dieu et vous-même, pour que « vous ne suspendiez pas, en permettant des objections artificieuses « et ineptes, la profession de ce que vous croyez depuis longtemps. »

Ce n'est pas la seule fois (Agobard, archevêque de Lyon nous l'apprend) que St-Avite osa montrer cette fermeté ; ailleurs, après une discussion longue et serrée avec Gondebaud, il transmet ses impressions à Sigismond déjà catholique et fils de son roi : « Ce débat ne lui donne que peu d'espérance, bien qu'il ait vu « les angoisses de l'esprit du prince, sous la feinte tranquillité de son « visage » « Hélas! ajoute-t-il, c'était sans plaire aux inclinations « de Gondebaud, que j'avais plu à son jugement » (5) St-Avite n'avait donc pas ménagé la vérité à son royal disciple. Plus tard, il écrit encore à Sigismond : « Je désirerais savoir, s'il a été ques- « tion, avec Monseigneur, le père de votre Clémence, de cette ordon-

---

(1) S. Aviti. Ep. 1. « Tantùm, Christo propitio, per diversas sollicitudines mentem vestram veritas indagata perdocuit, ut nihil porsus sit quod de catholicæ legis definitione vos lateat. »

(2) Grég. de Tours. Hist. des Francs. L. 2.

(3) S. Aviti. Ep. 5. « Neque porrò cedet in *regiam quidem, sed philosophicam mentem*, mœroris abjectio. »

(4) S. Aviti. Ep. 1. « Ne tolerando imperitorum versutias et ineptias callidorùm, suspendamini à professione, cùm jamdudùm in confessione teneamini. »

(5) S. Aviti. Ep. 21. « Quod sanè vereor audientis plus judicio satisfacere quam studio placuisse. »

« nance (1), qui a introduit contre les gens de bien, dans les dé-
« bats entre les Catholiques et les Ariens, une peste évoquée des
« ténèbres infernales, ou s'il ne fait que croire à l'Arianisme par
« ruse ; je devrais dire : « S'il ne fait que feindre. »

Dans ces trois lettres, la foi de saint Avite, la droiture de ses
intentions, l'inutilité de ses efforts, donnent à son langage, un
mélange de fermeté, de douleur et d'indignation qui contraste
avec les incertitudes de Gondebaud, sa dissimulation, son amour
timide pour la vérité et ses faiblesses pour l'erreur. Prince à la
fois ambitieux, cruel, intelligent, pénétrant, savant même, il n'a
rien de grand ; il échappe à la foi qu'il n'ose professer, par les
arguments subtils de l'hérésie ; il hésite parce qu'il a peur.

Cependant, toujours plein d'estime pour l'illustre évêque, attiré
vers lui, par ce qu'il avait de bon et d'élevé, Gondebaud ne cessa
de le consulter sur différents points de doctrine ; et s'il ne devint
pas orthodoxe, il protégea l'orthodoxie, pour plaire à saint Avite,
et sans doute, à son propre cœur : « Tout ce qu'a ma petite
« église, écrit l'évêque de Vienne, bien plus, tout ce que possèdent
« mes Églises est à vous ; c'est vous, jusqu'ici, qui nous l'avez
« conservé ou donné. » En retour de ses bienfaits, Gondebaud
exigea du prélat, qui l'écrit à Sigismond, non pas des marques de
servilité, mais « que (3) tous les témoignages de nos saintes Ecri-
« tures, exposées par l'évêque et en réponse aux interrogations du
« roi, fussent transmis, annotés, rangés un à un, dans l'ordre où ils
« avaient été donnés, au moment de l'entretien. » Il ajouta simple-

---

(1) S. Aviti. Ep. 29. « Undè illud, si mereor, quamprimùm scire desidero,
utrùm cum Domino, clementiæ vestræ patre, mentio illius ordinationis acciderit
quæ bonorum pestem ab infernalibus latebris excitatam, catholicis Arianis que
certantibus intromisit. »

(2) S. Aviti. Ep. 39. « Quidquid habet ecclesiola mea, imò omnes ecclesiæ
nostræ, vestrum est, de substantia quam vel servastis hactenùs, vel donastis. »

(3) S. Aviti. Ep. 21. « Jussit nàmque, ut quodcunque de scripturis nostris
testimonium ad interrogata protuleram, seu si forte occurisset et aliud, ad singula
quæ tempore collocutionis aptaveram, subnotata ei ordinata que transmitterem. »

ment, dit saint Avite, « qu'après les avoir écrits, je les enver-
« rais aux prêtres, je dirai mieux aux séducteurs, et avec plus de
« vérité (1) encore, à ses sectateurs. Vous pouvez conjecturer
« de là et par ses intentions, qu'il désire, si non être corrigé,
« du moins fatigué dans son erreur. »

Les preuves du soin que mettait l'évêque de Vienne à convertir
l'âme incertaine de son souverain, s'offrent à chaque instant, dans
les lettres de saint Avite, sans que jamais le zèle et la sincérité de
celui-ci aient paru lasser la bienveillance de Gondebaud. Soup-
çonner la pureté des sentiments du prélat serait vraiment injuste ;
s'il exposait la foi à son maître, c'était sur son ordre ; il obéissait
à Dieu et à son roi.

Exagerait-il le penchant de ce dernier pour le catholicisme,
afin de supplanter les Ariens, et, en même temps, leur succéder
dans la faveur royale ? Il est permis de croire que non. En effet,
saint Avite, dans les lettres qu'il écrit à Sigismond, son élève,
son ami, converti par ses soins, catholique zélé auquel il n'avait
besoin de rien cacher, peint toujours Gondebaud, sous les mêmes
couleurs, (2) convaincu mais non persuadé, attaché par l'esprit
au catholicisme, touché même dans son cœur, retenu par l'ambition et la peur, dans l'arianisme, en un mot, couvert seulement

_____

(1) Charles Binding, (La monarchie Burgonde-Romaine de 445 à 532, Leipzig,
1868) dans un chapitre sur la chronologie des lettres de saint Avite (T. 1. P. 290-
S-Q). croit que cette lettre fait allusion à la fameuse conférence tenue entre les
Ariens et les catholiques, sous Gondebaud.

(1) S. Aviti. Ep. 24. « Adjecit simpliciter sic scriptum misissem sacerdotibus,
« imò magis senatoribus, ut adhùc veriùs dicamus, sectatoribus suis. Undè conjicere
« pietas vestra potest, quanquàm intento contradictiori, tamen arbitro sapienti,
« non invalida vel absque viribus visa quibus intentionem suorum, etsi non optat
« corrigi, desiderat fatigari. » Sirmond, (Ep. 24.— N. B.) regarde cette lettre
comme un résumé de l'un des nombreux entretiens que, suivant Agobard, saint
Avite eut avec Gondebaud.

(2) S. Aviti. — Ep, 24-29. Nous avons transcrit de ces deux lettres les passages les plus remarquables.

du masque de l'hérésie. D'ailleurs, la sincère douleur qui éclate
dans les mêmes lettres, éloigne tout soupçon injurieux, toute espérance coupable. Enfin quelle faveur nouvelle espérait donc saint
Avite, pour qu'il n'eût en vue, dans la conversion de Gondebaud,
que son propre intérêt ? N'était-il pas comblé de ses bienfaits ?
N'avait-il pas toute sa confiance ? N'avait-il pas même introduit
le catholicisme, dans la propre famille du roi, sans que celui-ci
parût, le moins du monde, s'y opposer ? Ce souverain si ingénieux, si subtil à défendre l'erreur contre la vérité qu'il aimait,
n'eût-il pas pénétré les intentions ambitieuses de saint Avite, mis
à nu sa duplicité ? Au contraire, Gondebaud le croyait si digne de
son estime, qu'il l'invita, de son plein gré, à défendre la véritable
doctrine contre l'erreur d'Eutychés, dont l'Orient était infecté ;
c'est encore le roi qui présida, à Lyon, une conférence devenue
célèbre, entre les évêques catholiques et les évêques Ariens, où
saint Avite joua le principal rôle et remporta la victoire, tandis
que Gondebaud ému, touché, mais toujours indécis, redoublait
d'estime et de respect pour les vainqueurs.

D'autre part, une lettre de saint Avite (1), achève de prouver
l'attachement sérieux qu'il avait su inspirer à Gondebaud. — Ce
dernier, en effet, perdit une fille dont l'histoire n'a pas gardé le
nom. L'évêque remercia le roi, qui lui avait envoyé, par
respect, plusieurs prêtres, afin de lui annoncer cette triste nouvelle, et le consoler de sa part. Touché d'une attention si délicate,

---

(1) S. Aviti. — Ep. 5. « Judicet unusquisque quod sentit : nihil unquàm
» temporibus vestris contingere potest, quod non semper arbitrer profuisse. Undè
» nihil hìc casuale præsumo, nihil asperum. Ordinavit hunc potiùs occulta dispensa-
» tio, quàm inflixit angorem. Flebatis quondam pietate ineffabili funera germano-
» rum, sequebatur fletum publicum universitatis afflictio, et occulto divinitatis in-
» tentù, instrumenta mœstitiæ parabantur ad gaudium. Minuebat regni felicitas nu-
» merum personarum regalium, et hoc solum servabatur mundi quod sufficiebat im-
» perio. Illìc repositum est, quidquid prosperum fuit catholicæ veritati. Et nescie-
» bamus illud sanè frangi tantummodò quod deinceps nesciret inflecti. Aut quid de
» fraternà sortè dicamus ? Ipse quem vocitari parvum vestra natura circumdedit, »

le prélat, à son tour, entreprit d'alléger la douleur de son
maître ; il le fit de la manière la plus élevée. Jetant les yeux, dans
le passé, sur les deuils de Gondebaud, il n'en voit pas un qui,
dans les desseins de la Providence, n'ait été ure occasion de prospérité pour l'Etat et pour l'Eglise : « Que chacun, écrit-il, juge
comme il sent , rien ne peut arriver de votre temps, que je ne l'estime utile. C'est pourquoi je ne suppose, dans cet évènement,
ni hasard ni malheur. Une occulte disposition a plutôt réglé
qu'infligé le chagrin. Vous pleurâtes autrefois, avec une indicible
tendresse des *frères morts* ; l'affection universelle suivit votre
deuil public ; et par une vue cachée de la divinité, ces sujets de
douleur était préparés pour notre joie : le bonheur du royaume
diminuait le nombre des personnes royales, et cela était seulement conservé, sur la terre, qui suffisait à l'Empire. Là est déposé tout ce qui fut favorable à la vérité catholique, et nous
ignorions quil n'y avait de brisé que , ce qui, dans la suite,
n'aurait su fléchir. Ou que dirai-je du sort fraternel? Ce lui-là
que la nature fit appeler *petit*, (probablement le frère cadet)
(1) combattit pour vos intérêts, sans le prévoir, puisque le péril de
la nation vous servait à votre insu, et que le trouble du pays
disposait à la paix future. Croyez-en mon expérience, tout ce qui
nous nuisit alors nous profita : tout ce que nous pleurâmes, nous
l'aimons. »

« A qui ne peut ainsi prévoir, il doit certainement sembler
dur qu'une vierge, sur le point d'entrer dans le lit nuptial,
succombe prématurément aux atteintes de la tristesse. Quoique

---

(1) S. Aviti. — Ep. 5. Suite. « bonis vestris absque omni malitia militavit,
« cùm serviret vobis nescientibus periculum gentis, cum futuram pacem disponeret
« turbatio regionis. — Experto credite, quidquid hic nocuit, hic profecit ; quid-
« quid tunc flevimus, nunc amamus.» Le manuscrit Lyonnais des lettres de saint
Avite porte : *patruum* au lieu de *parvum*, dans cette phrase : « Ipse quem vo-
« citari *patruum* vestra natura circumdedit. » S'agirait-il, non de Godégisèle. mais
de Chilpéric, sans doute oncle de Gondebaud et qui partagea le royaume avec
Gondioc ?

recherchée pour devenir reine, elle expire sans souillure : si elle
eut vécu, elle se serait peut-être trouvée, en un lieu, où, après
l'avoir entourée de ses nœuds jaloux, une envieuse rivalité l'aurait déchirée de ses dents, en l'insultant... »

Cette lettre où nous ne voyons que l'affection respectueuse de
Gondebaud, et la dignité de caractère, l'élévation des sentiments
et des pensées de saint Avite, son consolateur, mérite cependant
que nous nous y arrêtions, pour certaines difficultés de détail.
L'évêque n'a pas été là plus courtisan qu'ailleurs.

Quels sont les frères dont il est question, au début ? Saint
Avite rappellerait-il à Gondebaud, qu'il a pleuré avec une indicible tendresse, et publiquement, deux frères mis à mort par ses
ordres ? S'agirait-il de Gondomar et de Chilpéric ? Mais le premier disparaît de la scène, sans que l'histoire le nomme seulement ; ce qu'il devint, nul ne le sait ; il ne paraît même pas avoir
péri de mort violente (1). Quant à Chilpéric et à Godégisèle, ils
succombèrent, l'un, sous les coups d'une inflexible justice, l'autre,
de la manière la plus cruelle, sans que l'on puisse dire si ce fut
par l'ordre de Gondebaud, tous deux, à trente années d'intervalle,
lorsqu'il est ici question de deux frères, morts vers la même
époque. Du reste, Chilpéric était catholique, (2) et sa mort ne pouvait servir la cause orthodoxe. Les jeunes princes, auxquels l'é-
vêque fait allusion, étaient, sans doute, deux jeunes frères de
Gondebaud, attachés à l'Arianisme, et, pour toujours, d'après les
conjectures de saint Avite. Si l'histoire ne les cite pas, seulement
préoccupée de ceux qui héritèrent de Gondioc, elle ne cite pas

_____

(1) Aucun historien contemporain ne le fait périr de mort violente, Gondebaud pouvait donc l'avoir pleuré.

(2) Nous savons que ce frère de Gondebaud fut orthodoxe, parce que Grégoire
de Tours, nommant dans son prologue du troisième livre de l'histoire des Francs,
les princes Bourguignons restés Ariens, ne place pas Chilpéric dans ce
nombre. On peut consulter, à ce sujet, Dom Plancher. Histoire de la Bourgogne.
T. 1. P. 17 et 38.

non plus cette jeune fille, morte à la fleur de son âge, et qui nous
serait inconnue, sans la lettre que nous reproduisons. D'ailleurs
saint Avite, si libre, si franc avec Gondebaud et sur ses ordres,
aurait-il, sans nécessité, loué son maître d'avoir frappé ses frères,
et vanté la piété fraternelle du fratricide ? N'était-ce pas l'injurier que lui rappeler son crime pour en faire l'éloge ? Et cette
apologie n'aurait-elle pas ressemblé à une sanglante épigramme ?
Après un tel outrage, Gondebaud aurait-il, comme il le fit, donné
à l'évêque de Vienne, des preuves nouvelles et répétées de son
estime et de son affection ? Il répugne donc au caractère déjà
connu de saint Avite, il répugne au bon sens, il répugne
à l'histoire impartiale que saint Avite ait fait l'éloge d'un
fratricide. D'un autre côté, on peut croire, à propos de
la même lettre, lorsque saint Avite écrit : « ou que dirai-je
« du sort fraternel ? » qu'il s'agit de Chilpéric (1), un sédi-
tieux, qui fut l'ennemi de son frère, et que Gondebaud punit
cruellement. Sa mort fut à la fois, un malheur pour le
roi, un motif de joie pour le royaume. Ici le sujet est délicat ;
saint Avite l'effleure à peine, sans oser nommer celui auquel il
fait allusion, avec un certain effroi. Il ne flatte pas, il s'en faut,
et sa brièveté est presque une leçon. Il est probable que le jeune
prince, dont il est ensuite question, est Godégisèle. Ici, même ré-
serve. Dire que sa révolte prépara la paix, ce n'est point louer
Gondebaud du terrible châtiment qu'il tira de son frère. Du reste
rien n'indique, ou du moins, ne prouve que ce dernier ait péri,
dans le sac de la ville, par ordre du roi (2). Le reste de la lettre

---

(1) C'est à son retour d'Italie, que Gondebaud vainquit et fit périr Chilpéric,
vers 472, à l'issue de la guerre civile. Godégisèle, périt, en l'année 500. Sa mort
finit la deuxième guerre civile. (Frédégaire, chap. 23. Epitomata Grég. de Tours.)

(2) M. Naëf, écrivain protestant, dans une brochure intitulée : « Quelques mots
» sur Avitus evêque deVienne, » croit à l'innocence parfaite des sentiments de saint
Avite : « Qui accuserait, dit-il, David de parricide, à cause du meurtre d'Absa-
» lon ? » M. Hauréau, dans son mémoire, « Sur l'Eglise et l'Etat, sous les pre-
» miers rois Bourguignons (1865) ne croit ni à l'apologie du fratricide ni au fratricide lui-même. « Comment, de bonne foi, supposer qu'un évêque écrivant une

a trait à la jeune fille, et n'est pas sans délicatesse. C'est moins Gondebaud que saint Avite a en vue, dans toute l'épître, que le royaume et la foi. S'il le console, c'est en l'élevant au-dessus de lui-même. Cette thèse, que Dieu fait servir le malheur particulier du prince au bien général de ses sujets, au bien public, est digne de Bossuet. Toute la lettre est là (1).

Plus tard, nous examinerons quels furent en théologie, les rapports de saint Avite et de Gondebaud. Disons un mot, maintenant, des efforts qu'il fit pour adoucir les lois Gombettes. — L'une

---

lettre publique, au nom de tout l'épiscopat Bourguignon, ait eu l'inconvenace, la sottise, disons mieux, la scélératesse, de rappeler, en ces termes, au roi, le meurtre de ses deux frères, et cela, sans aucun à propos, uniquement pour armer de quelques antithèses, dans un compliment de condoléance, un argument de rhéteur ? Cela est incroyable... On se persuadera plus volontiers que s'ils ont fini par une mort violente, ils sont morts, en combattant, pour maintenir une usurpation coupable, sans fratricide.,. »

(1) Troya (Carlo), dans une brochure intitulée : « Gondebaldo, Ré dé Borgognoni, è santo Avito, Vescovo di Vienna, sul Rodano, » qui parut à Naples, en 1829, prétend que saint Avite pleura sincèrement Gondomar, mort naturellement, malgré l'affirmation contraire de Sirmond (Ep. 5. N. B) et d'Adrien de Valois (Rerum Francicarum, 1. 250). Le même saint Avite aurait pleuré, avec non moins de sincérité Chilpéric, que les Francs avaient intérêt à faire périr (même faussement) de mort violente, « d'après des bruits répandus à des- « sein. » En réalité, Chilpéric serait mort naturellement et Grégoire de Tours aurait été induit en erreur. Mais une hypothèse, un soupçon, à propos d'une autorité aussi grave, ne sauraient servir de preuves. Troya est plus vrai, quand, au rebours de Sismondi (Histoire des Français I. L. 1. Ch. 5) et de l'abbé Du Bos, (Hist. critique de l'établissement de la monarchie Française dans les Gaules) il prétend que la lettre cinquième ne cherche pas à apaiser les remords de Gondebaud : « C'eût été, pour ainsi dire, lui traverser le cœur de part en part, « en lui suggérant que Dieu lui enlevait une fille chérie, pour avoir versé le sang de ses `res, qu'il avait pleurés, par une infâme comédie. » Est-ce ainsi, en effet, qu'on 'es remords ? « Gondebaud eût-il pu, dans la suite, ajoute Troya, recou- confiance à lui, dans ses doutes sur la manière d'entendre la sainte `e plier à recevoir les graves enseignements de la lettre sur l'erreur 's, en 512 ? »

d'elles ordonnait, en certains cas, le duel judiciaire ; celui qui périssait était réputé coupable, et l'on nommait jugement de Dieu, cette manière de décider le procès. Le vrai remède à cette barbare jurisprudence, c'était de s'en tenir à la loi de Dieu, qui défend de condamner personne, si ce n'est sur les dépositions de trois témoins. Saint Avite fit, la dessus, à son maître, les représentations les plus sages ; *mais il n'en put rien obtenir* (1). Ce témoignage d'Agobard, l'un des plus illustres et des plus savants évêques de Lyon, dans son livre écrit *contre la loi de Gondebaud,* nous montre saint Avite, admis jusque dans les Conseils du roi ; s'il n'eut pas toujours raison d'un caractère encore sauvage, nous pouvons croire que son influence adoucit quelques-unes des lois dites Gombettes, et que l'évêque de Vienne, le Gallo-Romain, consulté par son souverain, mit tout en œuvre pour les rendre le plus favorables possible à ses concitoyens, aux vaincus, et contribua à leur donner l'empreinte chrétienne, nouvelle alors, et digne encore aujourd'hui, dans ce code oublié, de notre attention .

Ce n'est donc pas seulement en écrivant, que l'évêque combattait l'hérétique et le barbare ; il agissait, il parlait. Ami de l'illustre St-Remi, c'est sur son conseil, qu'avec Etienne, évêque de Lyon, il proposa à Gondebaud, de présider une conférence, entre les catholiques et les Ariens. Elle se tint à Lyon, en 499 ou 500, et la relation nous en est parvenue, grâce à un témoin oculaire (2).

---

(1) S. Aviti Vieunensis variorum opusculorum fragmenta. — (Agobardus idem in libro adversùs legem Gundobadi). «Quid iste venerandus sæpè dicto Gundebado de supradictis certaminibus responderit etc. »

(2) D'Achery, Tome 5. spicilegium, p. 110. C'est d'après les notes de Jérôme Vignierius que d'Achery publia cette relation. Adon, Agobard, évêque de Lyon, nous ont aussi conservé quelques endroits de cette conférence. L'histoire littéraire de la France en fait une mention particulière, d'après Adon. Cette relation, figure encore dans les pièces justificatives de l'histoire de la conquête de l'Angleterre, tome 4 ; enfin, dans l'Appendice de saint Grégoire de Tours, de Dom Ruinart.

Voici le début de la relation, moins important que le reste : « Dieu, dans sa

Quand la conférence eut lieu, Clovis venait de déclarer la guerre à Gondebaud. Cette guerre avait pour principales causes, peut-être la vengeance de Clotilde impatiente de punir la mort de son père Chilpéric, frère de Gondebaud, mais surtout l'ambition de Godégisèle, roi de Genève, l'allié du roi des Francs, l'ennemi de son propre frère, enfin l'humeur guerrière de Clovis, et la nécessité où il était de conduire ses soldats à la conquête d'un nouveau butin ; pour plus de sûreté, il s'était encore assuré l'alliance de Théodoric, roi d'Italie, Arien comme Godégisèle. C'est à cette époque, et à l'occasion de la fête de St-Just, que les évêques se réunirent à Lyon. C'étaient: Eone d'Arles, saint Avite de Vienne, saint Apollinaire de Valence, son frère, et plusieurs autres. Voici, du reste, la relation complète de la conférence qu'ils eurent avec les Ariens. Ce monument est trop important, pour qu'il soit possible d'en citer seulement quelques extraits, sans en changer le caractère, ou même sans risquer d'altérer la vérité : (2) « Ces saints évêques, s'étant donc rendus à Lyon, allèrent tous ensemble, avec l'évêque Etienne, saluer le roi Gondebaud, à Sarbaniacum maison de plaisance auprès de la ville. » Les chefs des Ariens auraient bien voulu empêcher le roi de leur donner audience, mais Dieu ne le permit pas. Après que les Evêques eurent salué le roi, saint Avite à qui ils avaient déféré l'honneur de porter la parole, à cause de sa naissance et de son érudition, lui dit: « Prince, si votre Excellence veut assurer la paix de « l'Eglise, nous sommes prêts à montrer si clairement la vérité de « notre foi, par l'autorité de l'Evangile et des Epîtres des Apôtres,

---

prévoyance pour son église et pour le salut de toute la nation, inspira au seigneur Remy, qui détruisait partout les idoles, et répandait la vraie foi, la bonne pensée d'engager les évêques du pays des Burgondes à se réunir, avec l'approbation du roi, afin de ramener, s'il était possible, les Ariens à l'unité de la religion catholique. Pour que la chose se fît mieux, et ne parût point préméditée, l'évêque Etienne écrivit à beaucoup d'évêques et les invita à la fête de saint Just, qui approchait, et où de nombreux miracles amenaient un grand concours de peuple. »

« qu'il demeurera hors de doute que votre croyance n'est pas la
« foi de Dieu et de l'Eglise. Vous avez ici les plus habiles de votre
« parti, commandez leur de conférer avec nous ; qu'ils voient
« s'ils peuvent répondre à nos raisons, comme nous sommes prêts
« à répondre aux leurs. »

Le roi répondit : « Si votre foi est véritable, pourquoi vos évê-
« ques n'empêchent-ils pas le roi des Francs, de me déclarer la
« guerre et de s'unir à mes ennemis pour me détruire ? Car la
« vraie foi ne s'accorde pas avec la convoitise du bien d'autrui,
« ni avec la soif du sang des peuples. Qu'il montre sa foi par ses
« œuvres. »

Avite repartit avec humilité et modestie : « Nous ignorons
« pourquoi le roi des Francs entreprend la guerre dont vous
« vous plaignez. Mais l'Ecriture nous apprend que les royaumes
« sont souvent détruits pour avoir abandonné la foi, et que le
« Seigneur suscite, de toutes parts, des ennemis à ceux qui se
« déclarent contre les siens. Embrassez donc, vous et votre peuple,
« la loi de Dieu, et il vous donnera la paix. Car si vous avez la
« paix avec lui, vous l'aurez avec les autres, ou vos ennemis, du
« moins, ne prévaudront pas. »

« Est-ce donc que je ne professe pas la loi de Dieu ? dit le roi,
« Quoi ! parce que je ne reconnais pas trois Dieux, vous préten-
« dez, vous autres, que je ne professe pas la loi de Dieu ? Je n'ai
« point lu dans l'Ecriture qu'il y avait trois Dieux, mais un seul. »
Avite répliqua : « Dieu nous garde, grand roi, d'avoir plusieurs
« Dieux : ton Dieu, ô Israël, est un ; mais dans ce Dieu, un en essence,
« il y a trois personnes. » Il expliqua ensuite, plus en détail, la foi
du mystères à la Trinité, et, voyant que le Prince l'écoutait favo-
rablement, il ajouta : « Ah ! si vous vouliez connaître combien
« notre foi est fondée, quels avantages ne vous en reviendraient-
« il pas à vous et à votre peuple ! Commandez à vos évêques de
« conférer avec nous, en votre présence, pour vous faire connaî-
« tre que le Seigneur Jésus est le fils éternel du père, que le St-
« Esprit est coéternel à l'un et à l'autre, et que ces trois per-
« sonnes sont un seul Dieu, avant tous les temps, et sans commen-
« cement et sans fin. »

Ayant ainsi parlé, il se jeta avec les autre évêques, aux pieds du roi, et les tenant embrassés, ils versaient tous des larmes amères. Gondebaud se sentit ému, et les releva, en leur disant qu'il leur rendrait réponse sur ce qu'ils avaient demandé.

Le lendemain, le roi revenant à la ville, par la Saône, envoya chercher Etienne et Avite ; il leur dit : « Je vous accorde ce que « vous demandez : car, nos évêques sont prêts à vous démontrer « que personne ne peut être coéternel et consubstantiel à Dieu. « Mais je ne veux pas que la conférence se passe devant tout le « peuple, de peur qu'elle ne soit une occasion de trouble ; elle « se fera seulement en présence de mes sénateurs et d'autres per- « sonnages que je choisirai, comme vous choisirez, de votre côté, « ceux qu'il vous plaira, mais en petit nombre, et ce sera demain « que commencera la discussion. »

Les deux évêques remercièrent humblement le prince et se retirèrent pour aller avertir leurs confrères. Ce jour était la veille de saint Just, c'est-à-dire le 1er septembre. Les évêques eussent bien souhaité que la conférence fût remise après la fête ; mais ils n'osèrent le proposer, et ils allèrent tous passer la nuit, en prières, au tombeau du saint. A l'office de la nuit, le lecteur récitant une leçon de Moïse, lut ces paroles : « J'endurcirai « son cœur, je multiplierai mes prodiges et mes miracles dans « l'Egypte, et il ne vous écoutera pas. » Il en récita une aussi des Prophéties, une autre de l'Evangile, et une quatrième des Epitres, et l'on trouva dans toutes, des textes formels sur l'endurcissement du cœur. Les évêques crurent y voir un présage de l'opiniâtreté de Gondebaud et en furent sensiblement affligés. Ils ne laissèrent pourtant pas de se préparer avec soin, à la défense de la foi.

Les évêques catholiques se trouvèrent, le lendemain, à l'heure marquée, au palais de Gondebaud, avec plusieurs prêtres et diacres et quelques laïques, entr'autres Placide et Lucain, deux des principaux officiers de l'armée. Avite portait la parole pour les catholiques et Boniface pour les Ariens. Naturellement élo-

quent, Avite, qui avait dans sa figure comme dans ses discours
quelque chose d'angélique, et à qui le Seigneur donnait de nouvelles grâces, commença à proposer notre croyance et à la jus-
tifier par les témoignages de l'Ecriture, avec tant de force, que
les Ariens en parurent consternés. Boniface, qui l'avait écouté
assez tranquillement, ne pouvant rien opposer à ses raisons,
voulut faire diversion, en proposant les objections les plus difficiles. Saint Avite ne prit pas le change, il pressa son adversaire de répondre à ses preuves, lui promettant de satisfaire
ensuite à ses difficultés. Boniface ne put détruire un des arguments de saint Avite, et ne répondit que par des invectives, en
traitant les catholiques d'enchanteurs et d'adorateurs de plusieurs
Dieux. Le roi, voyant la confusion de son parti, se leva et dit
que Boniface répondrait le lendemain. Les évêques se retirèrent,
et, comme il se faisait tard, ils se rendirent aussitôt, avec les
autres catholiques, à la basilique de saint Just, dont on célé-
brait la fête, ce jour-là, pour y remercier le Seigneur de la
victoire qu'il leur avait accordée sur ses ennemis.

Le lendemain, ils revinrent au palais, où ils trouvèrent, en
entrant, Arédius, qui voulait leur persuader de s'en retourner,
en leur disant que toutes ces disputes ne servaient qu'à aigrir
les esprits. L'évêque Etienne savait qu'Arédius, bien que catholique, favorisait les Ariens ; pour faire sa cour au roi ; il lui répondit : « Qu'il ne fallait pas craindre que le zèle pour le
« salut de ses frères et la recherche de la vérité produisissent la
« division ; qu'au contraire, il n'y avait rien de plus propre à entre-
« tenir l'union d'une sainte amitié, que de savoir de quel côté
« était la vérité ; parce qu'elle est accessible, en quelque lieu qu'elle
« soit, et fait aimer ceux qui la professent ; qu'au reste, ils ne ve-
« naient que par ordre du roi. » Arédius, en vrai courtisan,
se rendit à cette bonne raison. Le roi, voyant venir les évêques
catholiques, s'avança au-devant d'eux, et, s'étant assis entre Etienne
et saint Avite, il leur fit de nouvelles plaintes contre Clovis, qu'il
accusait de pousser son frère Godégisèle, à s'armer contre lui. Les
évêques répondirent : « Que la vérité de la foi, était le meilleur

« moyen de procurer la paix, et que, s'ils l'avaient pour agréable,
« ils lui promettaient leur médiation. »

Chacun, ayant pris sa place, comme le jour précédent, Avite fit
un discours pour répondre aux objections proposées par Boniface,
à la dernière conférence. Il montra si clairement, que les catholiques n'adorent pas plusieurs Dieux), que ses adversaires eux-
mêmes en furent frappés d'étonnement. Boniface, qui voulut ré-
pliquer, ne fit que répéter les injures et les calomnies qu'il avait
vomies, le jour précédent. Mais il le fit avec tant de violence et
d'emportement, qu'il en contracta un enrouement qui l'empêcha
de continuer son discours et pensa le suffoquer. Le roi, ayant attendu longtemps, avant que la parole lui fut revenue, se leva plein
d'indignation contre Boniface. Mais Avite lui dit, en lui montrant
les autres évêques Ariens : « Prince, si vous vouliez ordonner
« à ceux-ci de répondre à mes raisons, on pourrait juger à quelle
« doctrine il faut s'en tenir. » Le roi et les autres Ariens ne répon-
daient rien, tant ils étaient interdits et confus. Avite ajouta :
« Si vos évêques ne peuvent vous répondre, à quoi tient-il que
« nous ne nons réunissions tous dans la même foi? » Cette propo-
tion irrita de nouveau les Ariens. Alors Avite, sûr de la vérité de
sa foi et plein de confiance au Seigneur, dit : « Si mes raisons ne
« peuvent les convaincre, je ne doute pas que Dieu ne fasse un mi-
« racle, pour confirmer notre croyance. Prince, ordonnez qu'eux
« et nous, allions ensemble au tombeau de St-Just, que nous l'in-
« terrogions sur notre foi, et Boniface sur la sienne : le Seigneur
« décidera par la bouche de son serviteur. » Le roi, surpris de la
« proposition, semblait l'accepter ; mais les Ariens, s'écrièrent qu'il
« ne leur était pas permis, pour prouver la foi, d'avoir recours à
« des enchantements et à des sortiléges, à l'exemple de Saül qui
« avait été maudit de Dieu. » Le roi, qui s'était déjà levé de son
siège, prit Etienne et Avite par la main et les conduisit jusqu'à son
appartement, où il les embrassa tendrement, en leur disant « de
« prier Dieu pour lui. » — Voilà tout le fruit que ce prince retira de
la conférence ; mais plusieurs, qui y avaient assisté, furent plus
fidèles à la grâce ; ils abjurèrent leurs erreurs et furent bap-

tisés (1). On peut en conjecturer qu'ils étaient sectateurs de Photien ou de Paul de Samosate (2). »

Cette relation, d'un auteur contemporain, n'est pas seulement grande et naïve, on y sent encore l'émotion d'un témoin qui a tout vu et fidèlement raconté. Le caractère de Gondebaud, comme celui de saint Avite, y paraît tel que nous avons essayé de le peindre, d'après des témoignages certains.

Il nous faut cependant, pour plus de clarté et pour la gloire de saint Avite, peser surtout les paroles du roi et les réponses qu'y fit saint Avite, d'après la relation.

Quand Gondebaud, au début, éclate en plaintes, et dit : « Pour-« quoi vos évêques n'empêchent-ils pas le roi des Francs, de « s'allier à mes ennemis, pour me déclarer la guerre et me détrui-« re ? » il parle, évidemment, des évêques soumis à Clovis, mais ce reproche, mêlé de mépris dans l'expression, est mal fondé. Si Clovis, poussé par l'ambition, par la vengeance, ou par son humeur guerrière, décidait quelque nouvelle expédition, il ne prenait pas toujours conseil des évêques ; le baptême avait fait du roi un converti, mais il l'avait laissé libre, et le Germain reprenait le dessus, trop souvent, malgré la foi. Où est la preuve, d'ailleurs, que les évêques ne donnèrent pas à Clovis des conseils de paix ? dans la bouche de Gondebaud ? Le meurtrier du père de Clotilde a t-il droit à notre confiance ? et sa parole est-elle un document pour l'histoire ?

Ou bien Gondebaud, aurait-il fait, dans les mêmes paroles, allusion à deux évêques chassés de la Bourgogne et refugiés chez

---

(1) Un canon (16°) du deuxième Concile d'Arles, marque qu'on doit baptiser les Photiniens et les Paulinistes qui se convertissent, et non les Bonosiens, et les Ariens.

(2) « Si Gondebaud ne put venir au fils, selon l'expression de l'auteur original, parce que le père ne l'avait pas attiré, plusieurs Ariens de ses sujets se convertirent, et Dieu fit triompher par là la vraie foi, en présence de tout le monde. Hist. lit. de la France, T. 3. p. 118.

Clovis, à Théodore et à Proculus ? (1) Mais ils étaient si peu
influents, auprès du roi des Francs, qu'ils n'obtinrent rien de lui
qu'un asile, et n'eurent de siége épiscopal, qu'après sa mort. Je
croirais plutôt, sans l'affirmer, que Gondebaud, suivant la marche
ordinaire et tortueuse de sa pensée, se plaignait des évêques de
Clovis et de leur indifférence, pour provoquer la médiation généreuse des évêques de Bourgogne, en sa faveur, contre un ennemi
redoutable. En tous cas, il n'accuse pas ceux-ci de trahison ; il
les traite avec déférence et respect ; plus tard, après la défaite
de l'évêque Arien, Boniface, il leur témoigna une estime encore
plus grande, mêlée de tendresse. Rien donc ne fait même supposer que Gondebaud ait soupçonné d'un crime les évêques catholiques ; aucun document n'appuie cette opinion.

D'autre part, la réponse de saint Avite, pourrait-elle jeter un
doute sur sa fidélité ? « Embrassez, dit-il, la foi de Dieu, et il
« vous donnera la paix. Car si vous avez la paix avec lui, vous l'au-
« rez avec les autres, ou, vos ennemis, ne prévaudront pas. » Promettre à son maître que le ciel, s'il embrasse le parti de la vérité,
récompensera sa soumission, en lui assurant la victoire sur le roi
des Francs, est-ce là trahir ?

La trahison des évêques et de saint Avite serait-elle patente,
lorsqu'ils répondent aux nouvelles plaintes de Gondebaud contre
Clovis : « Que l'unité de la foi, serait le meilleur moyen de pro-
« curer la paix, et que s'il l'a pour agréable, ils lui promettent leur
« médiation ? » Sommaient-ils, en parlant ainsi, Gondebaud de se
convertir pour avoir la paix ? D'une part, eut-il été adroit de menacer un souverain si vindicatif ? Non, sans doute ; il pouvait reve-
nir vainqueur et se venger ! il le pouvait aussitôt ; les barbares
ne savaient pas toujours attendre ni contenir leur colère. D'autre
part, les évêques ne pensaient-ils pas, avec raison, que Clovis aurait quelque scrupule, à attaquer un prince, catholique comme
lui, et que leur médiation, au cas où Gondebaud se convertirait,

---

(1) Hist. des Francs, L. 3. L'évêque Apruncule, autre exilé, mourut en 490.

serait plus facile et plus heureuse ? Cette conversion était un bien
pour le roi, pour la Bourgogne, pour son indépendance et pour
la paix. Peut-on reprocher aux évêques de l'avoir désirée et d'en
avoir découvert au roi tous les avantages, même les plus hu-
mains ?

Ainsi, les évêques, saint Avite en tête, n'ont pas menacé Gondebaud de la guerre, s'il ne renonçait à l'Arianisme ; ils n'ont pas
armé Clovis contre lui ; Clovis lui-même, bien loin d'entreprendre
une guerre de religion, eut pour alliés, dans son expédition
contre la Bourgogne, Godégisèle et Théodoric le Grand, deux
Ariens. Enfin l'évêque de Vienne demeura toujours l'ami de
Gondebaud. Quelques années avant la mort de ce dernier, en
512, il lui raconte, toujours pour l'éclairer et le convertir, ce qui
s'est passé à Constantinople, au sujet de l'hymne du Trisagion. En
un mot, saint Avite, dans la célèbre conférence de Lyon, uni à
Etienne et aux autres évêques, parla surtout, au nom du ciel,
dans l'intérêt de son maître et de la foi catholique ; il confondit
les hérétiques, pour éclairer Gondebaud et le sauver, lui et son
peuple. Son magnifique langage, sa franchise éloquente, sa sainte
audace le montrent tel qu'il se dépeint lui-même dans ses lettres,
surtout celles qu'il écrit à son maître et à Sigismond. Quant au
roi barbare, moderne à quelques égards, il resta incertain, entre
la vérité qui lui plaisait, qui l'émouvait, qui l'attirait en vain, et
l'hérésie à laquelle il restait attaché par la peur, l'ambition et les
liens de l'habitude, un orgueil mal caché, une grande subtilité
d'esprit. Mais toujours fidèle à saint Avite qui lui avait dit la vérité, il continua à le consulter ; il alla même, un jour, jusqu'à
lui ouvrir tout-à-fait son cœur, et lui demanda d'être rebaptisé
secrètement, après avoir reconnu la fausseté des doctrines Ariennes et confessé que le Christ, fils de Dieu, et le Saint-Esprit sont
égaux au père. Mais le pontife lui répondit : « Si vous avez une
foi réelle, il faut croire ce que le Seigneur même nous a enseigné,
et il ajouta : « Quiconque me confesse devant les hommes, je le
confesserai moi-même devant mon père, qui est aux cieux. » Ainsi
« parlait le Seigneur à ses saints et bienheureux apôtres, lorsqu'il

leur annonçait les épreuves de persécution qu'ils auraient à subir, leur disant : « Gardez-vous des hommes, car ils vous feront
« comparaître devant leur assemblée et vous flagelleront dans
« leurs synagogues, et vous serez persécutés à cause de moi ; »
mais vous, qui êtes roi, et n'avez pas peur qu'on vous saisisse,
vous craignez la révolte du peuple et ne confessez pas publiquement le créateur ! Laissez-là cette folle erreur, et ce que vous
prétendez croire dans votre cœur, osez le déclarer au milieu du
peuple. Un saint apôtre dit : « Il faut croire de cœur pour être
« justifié, et confesser sa foi, par des paroles, pour être sauvé. »
Vous craignez le peuple, ô roi ; ignorez-vous donc que c'est
à lui de suivre votre foi plutôt qu'à vous de favoriser sa faiblesse ?
Car vous êtes le chef du peuple, et le peuple n'est pas votre chef.
Si vous allez à la guerre, vous êtes à la tête des guerriers, et ils
vous suivent où vous les menez. Il vaut mieux que, marchant à
votre suite, ils connaissent la vérité, que si après votre mort, ils
demeuraient dans l'erreur ; car on ne se joue pas de Dieu, et il
n'aime pas celui qui pour un royaume terrestre, refuse de le
« confesser dans ce monde. » Bien que confondu par ce raisonnement, Gondebaud persista, jusqu'à la fin, dans ses erreurs insen-
sées, et ne voulut jamais confesser publiquement l'égalité de la
Trinité. (1)

Quand la bonne foi de Grégoire de Tours ne nous serait pas
connue, ce récit respire la vérité ; il n'est pas dans le ton ordinaire, plus froid et comme impassible de l'historien des Francs.
C'est saint Avite lui-même qui parle, d'après des souvenirs encore
récents. Il devait avoir l'éloquence du cœur, ce grand évêque
dont la sainte influence, força l'erreur sur le trône, à servir les
intérêts de la foi.

---

(1) Grégoire de Tours. Hist. des Francs. L. 2.

CHAPITRE QUATRIÈME.

Saint Avite et Sigismond. — Plusieurs Conciles tenus à Lyon. — Concile d'Epaone, présidé par saint Avite. — Sigismond et son fils Sigérie. — Fondation du monastère d'Agaune et de la psalmodie perpétuelle. — Mort de Sigismond.

L'œuvre de saint Avite en Bourgogne, moins connue que celle de saint Remi, est aussi méritoire ; elle est double. Il avait fait du roi un ami pour lui, un protecteur pour l'Eglise ; il sut convertir son fils et l'élever dans la piété (1). Ce sont les rapports de Sigismond et de saint Avite que nous allons surtout étudier, dans ce chapitre. Entr'eux nous verrons reparaître nécessairement Gondebaud, avec la même faiblesse, la même subtilité, les mêmes incertitudes.

Voici, au sujet de la conversion de Sigismond ce que nous recueillons dans les Bollandistes : (2) « Le jeune et vénérable en-

_____

(1) Erudivit in fide pietatis Sigismundum regem (Chronique d'Adon).

(2) Acta sanctorum. Vita Sigismondi : p. 85. § 2. Ex VIII codicibus M. S. S. et antiquis editionibus : « Illustris atque venerabilis Sigismondus puer cùm jàm ad perfectam venisset ætatem, etc. »

« fant, quand il arriva à l'âge mûr, fut enflammé d'une dévotion
« si grande pour les églises et les sanctuaires des saints, qu'il
« passait, sans relâche, ses jours et ses nuits, à veiller, à jeû-
« ner, à prier. » C'est donc, dans son âge mûr, que Sigismond
se convertit ; il le fit publiquement, puisqu'il passait sa vie dans
les églises et les sanctuaires ; il le fit sur les conseils et d'après
les enseignements de saint Avite ; Adon nous l'apprend (1). On
peut croire que la conversion du fils de Gondebaud eut lieu,
vers 493, c'est-à-dire, à l'époque où il épousa la fille de
Théodoric, (2) et dans les premiers temps de l'établissement de
ce prince en Italie. Sur le conseil de saint Avite, il alla ensuite
à Rome, voir le pape Symmaque, qui le reçut avec les plus grands
honneurs et lui donna de précieuses reliques, dont il enrichit, à
son retour, un grand nombre d'églises (3). Sigismond était un
prince d'un caractère plus franc que le roi son père, mais encore plus passionné, tourné vers le bien par la religion et l'influence de saint Avite, mais avec un fond de barbarie ; associé
au pouvoir par Gondebaud, à une époque incertaine, mais après
la fatale année de la mort de Godégisèle, au plus tard en 513 (4),
il succéda à son père en 517 ; il est resté fameux par un crime
vite expié, célèbre par sa pénitence et son martyre. Roi catholique, il protégea ouvertement l'église, et combattit généreuse-

---

(1) Au sujet de la conversion de Sigismond on peut consulter encore l'histoire
littéraire de la France T. 3. P. 89 et 118. — Fleury. Histoire de l'Eglise. Livre
31. P. 30. — Agobard, (adversùs legem Gundobadi) nous a conservé le souvenir
d'une homélie, in populo, à la conversion du roi Sigismond.

(2) Théodoric datait son avénement de 489 ; l'histoire le date de 493.

(3) S. Aviti. — Ep. 27. « Dùm sacra reliquiarum pignora, quibus per me
Galliam vestram spiritali remuneratione ditastis, etc. » (Ab Avito episcopo dictata
sub nomine Domini Sigismundi regis ad Symmachum, papam urbis.)

(4) Lorsque la lettre à Symmaque fut écrite, Sigismond était roi (voir le titre
de la lettre.) Or Symmaque mourut en 514.

ment l'hérésie (1), même avant la mort de Gondebaud. Son fils,
le malheureux Sigéric, se convertit également au Catholicisme,
le lendemain du jour où sa sœur s'était retirée de l'hérésie
Arienne. Saint Avite, à propos de cette double conversion,
prononça, devant le peuple, une homélie, dont l'esprit plein de
suavité, charma les âmes, et dont l'expression était de la dernière douceur (2). Ces diverses conversions, eurent, sans doute,
la même influence sur le cœur des Bourguignons Ariens, que
celle de Clovis sur le cœur des Francs idolâtres ; saint Avite,
ne fut étranger à aucune d'elles ; ou plutôt il enfanta à la vérité, toute une famille royale, je dirai presque, en y compre-
nant le timide Gondebaud, trois générations de rois, et, par
suite, une grande partie de la Bourgogne.

C'est surtout dans ses lettres à Sigismond qu'éclate son zèle
apostolique ; il se délasse avec lui de ses vains efforts auprès
du roi ; il lui conte ses peines comme à un disciple, à un
ami, à un allié. Sigismond lui demande un jour, quelles ont été
les suites d'un de ses entretiens religieux avec Gondebaud. —
L'évêque lui répond par une lettre que nous connaissons déjà ;
il lui peint l'habileté tortueuse du roi dans la discussion, l'an-
xiété de son cœur, malgré la feinte tranquillité de son front (3),
et son endurcissement. Zélé pour Gondebaud, sans le flatter, il
rappelle à Sigismond, dans cette même épître, qu'il est des cas
assez fréquents où c'est un devoir de résister, même aux rois (4),

---

(1) S. Aviti. Ep. 29. « Omni quidem vitæ meæ tempore debitorem me asse-
rendi famulatûs agnosco ; sed impensiùs festivitate præsenti, quæ sollicitudinem
vestram... »

(2) Agobard, contrâ Judaïcas superstitiones.

(3) S. Aviti. — Ep. 21. « Placidus tamen, nec aliquid à supercilio domi-
« nandi turbulentæ commotionis interserens. »

(4) S. Aviti. — Ep. 21. « Ego autem, licet sciens quantùm potestatibus, divino
quoque jussu, frequenter et regibus, pro veritate non cedit.r. »

La conférence dont parle saint Avite (Ep. 21), semble avoir précédé, de quelques mois, la fameuse conférence de 499, qui ne dut guère laisser d'espoir à l'é-
vêque de Vienne pour la conversion du roi.

dans l'intérêt de la vérité ; il a, du reste, un auxiliaire auprès
du jeune prince , Maxime , évêque de Genève, illustre par sa
science et sa sainteté, et qui paraît avoir été l'ami de saint
Avite.

La fête de saint Pierre, à Genève, est encore pour celui-ci, une
occasion d'exciter le zèle religieux de son disciple ; il le prévient
contre les hérétiques qui se rendaient en cette ville, à l'occasion
de ce solennel anniversaire, et forts de leur nombre, s'excitaient
contre les catholiques, jusqu'à provoquer de graves désordres.
C'étaient, à ce qu'il semble, les Ariens et les Photiniens : « Si votre
« père, ajoute-t-il, est encore attaché, par feinte (1) à l'arianisme,
« notre triomphe n'en est que plus glorieux là où vous com-
« mandez, puisque les deux hérésies étant réunies en une seule,
« on voit diminuer par vos conquêtes et par vos arguments le
« nombre des schismes et des schismatiques. »

Une lettre, dictée par saint Avite, sous le nom Sigismond, et
adressée au pape Symmaque, prouve encore l'ardeur du jeune
roi pour les intérêts de la religion et le respect que l'évêque de
Vienne sut lui inspirer pour le souverain Pontife. Sigismond
« le nomme, en effet, « Chef de l'Eglise Universelle. » (2)

Enfin, deux homélies prononcées par saint Avite, l'une à
Namasce, en Suisse , l'autre au monastère d'Agaune, lors de
l'inauguration de la *psalmodie perpetuelle*, célébrent également
le triomphe du catholicisme, sous le fils de Gondebaud, et la
générosité du prince envers les Eglises. Dans la seconde homélie,
le prélat s'adressant à Sigismond, lui dit : « O très pieux roi qui,
« pour être sur le trône plus jeune que d'autres rois, n'en êtes
« pas moins le premier de tous, dans votre zèle pour les autels,

---

(1) S. Aviti. — Ep. 29. « Vel si servatur adhùc crudelitatis, imò simula-
tionis illius dolus... claret gloriosior sub principatù vestro noster triumphus ;
cum, duabus hæresibus in unum redactis, tàm acquirentibus quam convincentibus
vobis, et schismaticorum numerus decrescit et schismatum. »

(2) S. Aviti. — Ep. 27. « Ad *universalis ecclesiæ* præsulem... concurrimus. »

« il y a, dans ce que vous avez accompli bien des choses, qui ont
« dû, jusqu'à présent, nous inspirer une vive reconnaissance ;
« comblés de bienfaits, mais pauvres d'éloquence, nous recevons
« de grands biens et nous y répondons mal. Vous avez rempli les
« Eglises de trésors et de fidèles, vous avez construit, à vos frais,
« les autels que vous avez ensuite enrichis de vos dons. » (1)

En faisant ainsi l'éloge de son disciple, saint Avite, sans y songer, se louait lui-même ; il avait formé et guidé Sigismond. Sa
tendresse pour lui, bien qu'elle n'eût pas toujours ce caractère de gavité religieuse, est partout la même ; l'expression
en est plus naïve dans quelques lettres. Un jour, l'évêque se plaint
« de la nécessité où (2) s'est trouvé le roi, de rester près de son
« père, quand il l'avait invité, à la fête de Pâques, dont sa pré-
« sence aurait rehaussé l'éclat, tandis que son absence semblait
« prolonger le carême. » (3) Un autre jour, il a cru le rencontrer, il l'a espéré (4), mais en vain ; le prince part pour une expédition militaire ; il l'accompagne de ses souhaits les plus ardents ; « il regrette de n'avoir pas mérité de tomber aux genoux

---

(1) « Multa sunt, piissime præsul, in tribunali, aliquibus junior, in altario,
« omnium prior, multa sunt, inquam, in operibus tuis, quibus nos hactenùs gratias
« debuisse dicamus. Ditati donis, pauperes verbis, percepimus magna, pauca per-
« solvimus. Ornasti Ecclesias tuas gazarum cumulo, numero populorum ; struxisti
« sumptibus, quæ muneribus cumulares, altaria.. » H. dicta in Basilicâ sanctorum Acaunensium in innovatione monasterii ipsius vel passione martyrum.

(2) S. Aviti. — Ep. 68. « Sed pio patri,] in quantùm expedit, donec vos ad
quamlibet (Ecclesiam) sequi consentiat, adhæretis. »

(3) S. Aviti. — Ep. 67. « Peto paschales nobis dies felici reditu faciatis :
quia cum in absentia vestra quædam nobis quadragesimæ perduret austeritas... »
Ces deux lettres se rapportent à la fête de Pâques, mais dans deux années différentes.

(4) S. Aviti. — Ep. 40. « Quod superest, egressi felices, ite sospites, redite
« victores. »

« Advolvi genibus Domini mei, permulcere osculis manus et in sancto illo pec-
« tore sedem fidei nostræ adorare non merui. »

« de son maître, d'adorer le Dieu qui réside en sa sainte poi-
« trine ; » ou bien il attend de lui une lettre ; sa santé l'inquiète,
celle de son armée ; cette lettre impatiemment désirée, il la cou-
vrira de ses baisers (1) ; il lui dicte encore une épître à Vitellia-
nus, sénateur de Constantinople, pour lui annoncer le retour du
fils de Laurent, de ce captif rendu à son père (2), à l'époque de
la conversion de Clovis. Il encourage son disciple; il le nourrit dans
le bien. D'autres lettres, sans être adressées à Sigismond, mais
écrites à Anastase, au nom du roi, et par la plume de saint
Avite, ont une portée politique assez grande, qu'il ne faudrait
pas s'exagérer, et plus encore une importance religieuse ; elles
sont au nombre de trois.

Dans l'une, (3) le prince remercie l'Empereur des dignités qu'il
lui a accordées ; il étale avec emphase sa reconnaissance et son
dévouement pour son bienfaiteur; dans l'autre, (4) il annonce à
Anastase la mort de Gondebaud: une troisième épître recommande
à l'Empereur (5) d'aider à la prospérité de la religion chrétienne, à
la diffusion de la vérité, et par elle, à l'extension de la véritable
liberté. Il ne peut être question, dans la pensée de saint Avite,
que de la foi orthodoxe. (6) Cette dernière lettre n'est pas moins
pompeuse que les deux autres; elle mérite qu'on en détache quelques passages, modèles d'un style officiel; ils peignent le mauvais
goût de l'époque et l'emphase barbare dont le Gallo-Romain lui-
même s'était imprégné, malgré ses souvenirs classiques :

---

(1) S. Aviti. — Ep. 82. « Et subscriptionem pro manu mercar osculari. »

(2) S. Aviti. — Ep. 42. « Clientis vestri viri illustris Laurentii filius studio meo redditus additur regioni. »

(3) S. Aviti. — Ep. 69. Sigismond venait de recevoir d'Anastase les titres de
comte et de Patrice.

(4) S. Aviti. — Ep. 84.

(5) S. Aviti. — Ep. 83.

(6) « Prorogetur per vos non minus potestate religio, quæ famulantibus populis ad cœlestia pariter que veneranda, et veritatem astruat et porrigat libertatem
quaque mediante, vobis culmine salutis æternæ innisis, non humano tantùm
ordine, verùm etiàm amore, longùm servire nos deceat. » S. Aviti Ep. 83.

« C'est à vous qu'appartient mon peuple, (1) écrit Sigismond, et
je suis plus heureux, moi-même, de vous servir que de lui com-
« mander. Toujours mes ancêtres vous ont exprimé à vous et à vos
« prédécesseurs, leur profond attachement pour Rome, de manière
« à prouver que nous regardons comme la première de nos gloires
« celle qui est attachée aux titres militaires dont nous investit votre
« hautesse ; toujours mes devanciers ont estimé les distinctions
« reçues de leurs souverains, plus que l'héritage qu'ils tenaient de
« leurs pères. Aussi, tout en paraissant gouverner notre nation, nous
« croyons n'occuper que le rang de vos soldats. Nous prenons part
« à votre bonheur, car tous les soins que vous donnez là-bas au bien
« commun nous regardent aussi. Par nous, vous administrez les
« régions reculées ; notre patrie, c'est votre monde. La lumière de
« l'Occident étend son Empire jusque sur la Gaule, et les rayons
« qui naissent là-bas se reflètent ici... L'Empire que vous avez reçu
« de Dieu n'est arrêté par aucun obstacle... » Un pareil éloge eût à
peine convenu à Rome, au faîte de sa gloire. Cette emphase dont
nous avons déjà cherché les causes, tient aussi à l'éducation et à
l'origine de saint Avite, encore tout pénétré de respect pour cet
Empire dont le siége principal était à Constantinople. Rome semblait à l'évêque de Vienne s'être partagée en deux, et, sous un autre
nom, gouverner du Bosphore, le monde politique, comme elle gou-
vernait du Tibre, le monde religieux ; cette illusion du cœur de saint
Avite, si Romain de sentiments, et décoré du titre de sénateur, ne
manque pas de noblesse ; mais il n'est pas croyable qu'un esprit
si ferme ait cru nécessaire d'aduler Anastase, pour obtenir sa pro-
tection contre les ennemis de Sigismond et de la Bourgogne. Ce
secours incertain serait venu de trop loin. Non, saint Avite, quoique
préoccupé de l'image imposante de l'Empire, était heureux de
l'occasion qui s'offrait à lui, de faire comprendre à Anastase, quelle

---

(1) « Vester quidem est populus meus, sed me plus servire vobis quàm illi
prœesse delectat. Traxit istud à proavis generis mei apud vos decessores que
vestros semper auimo Romana devotio, ut illa nobis magis claritas putaretur,
quàm vestra per militiæ titulos porrigeret celsitudo »... S. Aviti. Ep. 83.

gloire il obtiendrait, en propageant la vérité. C'est le dernier mot de ces longues épîtres ; l'évêque de Vienne nous semble, avant tout, animé d'un secret désir d'avoir sa part dans le retour de l'Orient subtil à l'unité catholique.

Du reste, comme nous l'apprendrons, les actes de saint Avite, dans ces régions éloignées, répondent à ce que nous pensons de ses écrits. — En Bourgogne, nous voyons l'Eglise victorieuse, libre au moins, par ses soins vigilants et son ascendant sur Sigismond ; il réunit et préside le mémorable concile d'Epaone, pour raffermir la discipline ecclésiastique et dissiper les restes de l'erreur. Avant de faire l'histoire de ce concile, il est juste que nous disions quelques mots des assemblées d'évêques qui s'étaient déjà réunies, sous le jeune roi et son père Gondebaud. Du temps de celui-ci, un premier synode s'était tenu à Lyon, où (1) figurèrent saint Avite et Charténius, évêque de Marseille (2) ; il n'a pas laissé de traces des délibérations qui y furent prises. Il est certain, d'après les mêmes sources, qu'un autre concile eut lieu, également à Lyon, avant le concile d'Epaone, et sous Sigismond. Le jeune roi, qui avait succédé à son père, en 517, y fit sentir sa colère aux évêques, parmi lesquels était Apollinaire de Valence. Saint Avite, son frère, assista-t-il à ce concile ? Les Bollandistes (3) le nient. Cependant, Adon, dans sa chronique, nous dit qu'il souffrit la persécution, et fut menacé de la mort ou de l'exil, pour son énergie à défendre la vérité. Quoiqu'il en soit, le nom de saint Avite ne figure parmi les signataires des canons promulgués dans cette assemblée, où se traitait une des questions les plus délicates : il paraît, en effet, que les mariages incestueux

---

(1) S. Aviti. — Ep. 28. « Rediens ab urbe Lugdunensi Sanctus Charienius episcopus, in qua, nobis de concilio discedentibus, ad privata quædom negotia expedienda resederat... etc. » Sirmond place ce concile sous Gondebaud, sans pouvoir rien préjuger du sujet mis en délibération. Ep. 28. Note C.

(2) C'est au au moins l'opinion exprimée dans l'histoire littéraire de la France. T. 3. 125-126 p.

(3) Acta sanctorum 470 p. — Ex M. S. S. Viennensi et Budecensi.

étaient assez fréquents parmi les Burgondes, et à la cour même de Sigismond. Le préfet du fisc, Etienne, avait épousé sa proche parente, malgré la défense de l'Eglise. Les évêques ne purent tolérer un pareil scandale, et ils excommunièrent les coupables. Sigismond prit parti pour Etienne et menaça les évêques de sa colère, s'ils ne revenaient sur leur sentence. Ceux-ci, pour donner une preuve éclatente de leur courage et de leur respect envers les lois de l'Eglise, firent six canons, dont le premier est ainsi conçu:(1) « Assemblés, *de nouveau*, dans la cité de Lyon, pour examiner la « cause d'Etienne, qui s'est rendu coupable d'inceste, nous avons « décidé que notre première sentence serait maintenue et « qu'Etienne resterait condamné. Cette sentence ne frappe pas « Etienne seulement, mais tout autre qui se rendrait coupable du « même crime. » Dans le 6me canon, les évêques, pour faire plaisir au roi, accordaient à Etienne et à Palladie, la permission de prier dans l'Eglise, jusqu'à la prière du peuple, qui se disait après l'Evangile. Le roi demandait davantage et sa colère fut grande. De tous les évêques, celui qui eut le plus à souffrir, fut Apollinaire de Valence (2); tous se retirèrent, en un lieu aujourd'hui ignoré, à Lyon, ou dans le diocèse de Lyon, et nommé Sardinia (3). Le roi leur ordonna de retourner à leurs Eglises ; ils se

---

(1) Concil. Lugdun apud Sirmond. « Concilia Gallorum. T. 1. p. 202.

(2) M. Révillout, (De l'Arianisme de speuples Germaniques qui ont envahi l'empire Romain) croit que saint Avite assista à la première des deux assemblées tenues à Lyon, au sujet d'Etienne et de Palladie, mais qu'il ne parut pas à la seconde. « Il avait cessé de vivre. » C'est, *selon nous, une erreur*. Saint Avite ne mourut que huit ans plus tard. — L'expression *de nouveau*, employée par les évêques, donne à croire qu'ils se réuniren t deux fois, à courte distance, pour le même sujet.

« (3) En outre les prélats s'étaient promis réciproquement, que si quelqu'un « d'entr'eux souffrait, à ce sujet, quelque violence, tous les autres y prendraient part « et le dédommageraient de toutes les pertes qu'il pourrait faire ; que si le roi con-« tinuait à s'abstenir de la Communion des évêques... ils se retireraient dans des « monastères, d'où aucun ne sortirait, que la paix ne fût rendue aux autres. » 'oncilia Gall. T. 1 p. 202.

séparèrent, après avoir pleuré et prié ensemble. Sigismond, éclairé par une maladie grave, finit par céder et se repentir.

Maintenant, en supposant que saint Avite n'eût pas assisté à ce premier concile tenu sous Sigismond, il en soutint, du moins, la doctrine, au sujet de l'inceste, dans des lettres sévères, (1) qui nous sont restées, et dans une autre assemblée de prélats qu'il présida lui-même, je veux parler du concile d'Epaone, le plus mémorable du temps, en Bourgogne, et dont la réunion est due à l'initiative de saint Avite.

Eut-il lieu avant ou après celui dont nous venons de faire rapidement l'histoire ? On les rapporte, tous les deux, à l'année 517 ; comme le concile d'Epaone se tint au mois de septembre, déjà vers le déclin de de l'année, on peut croire que le concile de Lyon l'avait précédé. Toutefois, l'histoire littéraire de la France le range après ; on le recule même jusqu'en 518. Ces différences de dates ne changent rien au fond de l'histoire.

La chronique Belge, citée par dom Buquet (2), dit que le lieu de la réunion fut le monastère d'Agaune; mais saint Avite nomme la paroisse d'Epaone, et non le monastère ; il écrit, dans sa lettre de convocation, que (3) « bien compensée la fatigue de chaque « évêque, c'est un endroit convenable. » Or, Agaune est au-delà du lac Léman, dans un lieu peu favorable à la réunion d'un concile.

D'après Sirmond, dans son commentaire de la quatrevingtième épître, saint Avite, après avoir traversé le pays des Turons, en un

---

(1) S. Aviti. — Ep. 15 et 16. « Quis enim vel laïcus non advertat, non siue grandi maculâ fieri de affinitatis propinquitate conjugium ? » Ep. 15.

« Nam cùm adhortatoriè plus quàm asperè, pro incesti facinore culparetur, se- « veritatem nostram sola præscriptione tarditatis accusans, serò nos illicitæ jurga- « tionis tricennale consortium damnâsse causatus est. » Ep. 16.

(2) Bollandistes. — Vita sancti Aviti, p. 671.

(3) S. Aviti. — Ep. 80. « Qui locus, omnium fatigatione perpensa, conven- tui satis opportuuus electus est. »

lieu nommé Eone, sans doute Epaone, sur le Rhône, s'y arrêta
Ce lieu paraissait le plus propre à un concile, situé qu'il était à
la limite des provinces de Lyon et de Vienne, dont les métropo-
litains étaient saint Avite et Viventiole. Ils présidèrent la réunion :
vingt-cinq évêques y prirent part, dont vingt-trois suffragants,
entr'autres saint Sylvestre, de Châlons sur Saône, saint Apollinaire de Valence, ceux de saint Claude, de Besançon, de Langres,
d'Autun, de Genève, de Gap, de Saint-Florent, d'Orange, d'Em-
brun, de Nevers.

· Saint Avite, en écrivant aux évêques de sa province, leur re-
commanda de ne pas se dispenser, sans un motif très sérieux,
d'assister au concile : (1) « Que si une maladie grave ou toute autre
« cause légitime, les empêche de s'y rendre, ils devront envoyer
« deux prêtres instruits et pieux, avec leur procuration. »

De son côté, Viventiole, fit à tous les évêques de sa Province,
l'obligation d'y aller, et permit aux laïques d'y assister : « afin,
« dit-il, que le peuple connaisse ce qui sera décidé par les évê-
« ques, nous donnerons aux fidèles la permission d'assister les
« clercs devant le Concile ; car il est juste que les catholiques
« désirent avoir un clergé vertueux ; seulement les accusations
« ne doivent pas être inspirées par la haine ou l'envie, et l'accu-
« sateur devra prouver ce qu'il dénoncera au Concile. »

Parmi les quarante canons de ce concile, il en est plusieurs qui
méritent surtout d'être cités, comme peignant l'esprit du siècle
et les préoccupations de saint Avite. Remarquons dès à présent,
que ce dernier ayant réuni les évêques, au nom du pape, regrette comme lui, « que ces assemblées, instituées sous l'inspi-

---

(1) Jean de Combe et après lui Labbe (Tabella geographiæ regiæ) assignent
au concile Jenna ou Jena, petit bourg (in Subaudio) sur le Rhône, où il y a des
ruines immenses de maisons... elles indiquent qu'il y eut là, autrefois, une
cité... En fouillant, on a découvert des parois, avec cette Inscription : « A la
» déesse Epaone : Deæ Eponæ. » C'est une marque certaine qu'elle avait tiré son
nom du lieu. D'Epaone on arrive à Epienne et à Jena ou Jenna.

« ration divine, par les pères du concile de Nicée, aient été long-
« temps négligées dans les Gaules. » (1)

Le premier canon montre quel sentiment de leur devoir avaient
les évêques, et, comment, sévères pour les autres, ils savaient
l'être pour eux-mêmes : « Quand le métropolitain convoquera
« les évêques de la province, au concile ou à l'ordination d'un
« évêque, celui qui manquera de s'y rendre, sans une raison
« évidente de maladie, sera excommunié pendant six mois »
Voici le septième canon : « Un prêtre qui gouverne une église ne
« pourra pas disposer des biens de cette église. Il ne pourra
« même faire aucune acquisition, qu'au nom de cette église, tant
« qu'il la gouverne. »

Ces précautions prouvaient combien on avait à cœur, que l'argent des revenus de l'église, ne fût employé que pour l'église.

Le quatorzième canon nous apprend que les bénéfices d'une
église n'étaient encore possédés que par ceux qui pouvaient y ré-
sider et la servir. Il est ainsi conçu : « Un clerc, qui est ordonné
« évêque, dans une autre église, doit rendre à l'église qu'il aban-
« donne, les biens écclésiastiques dont elle l'avait gratifié. »

Ces canons imposent au clergé le désintéressement ; le dixième
a trait aux mœurs ; il paraît sévère : « Il est interdit à tous les
« clercs, de rendre des visites aux femmes, à des heures indues,
« c'est-à-dire, comme l'explique le concile, à midi et le soir :
« S'il est nécessaire d'en visiter quelqu'une, ce sera en présence
« de prêtres ou de diacres. »

Le trentième canon, s'élève, de nouveau, après le concile de
Lyon, contre l'inceste ; il appelle même du nom d'inceste, ce qui
est aujourd'hui légitimé par une tolérance devenue nécessaire :
« On ne recevra à pénitence ceux qui ont contracté des ma-

---

(1) S. Aviti. — Ep. 80. — « Diù est quod rem valdè necessariam, et non sinè
« divina inspiratione à Patribus institutam, aut oblivione aut occupatione deseri-
« mus. Nàm et venerabilis papæ urbis, nobis hanc negligentiam succensentis,
« mordacia mihi nonnunquàm scripta perlata sunt. »

« riages incestueux, qu'après qu'ils se seront séparés. On déclare
« incestueux le mariage avec la belle-mère, la belle-fille, la veuve
« de l'oncle, la cousine germaine ou issue de germaine. »

Le trente-septième canon pousse jusqu'au scrupule, le soin de
conserver les mœurs dans les monastères : « On ne permettra
« l'entrée des monastère de filles qu'à des personnes, mises, par
« leur âge et leur probité, à l'abri de tout soupçon. Ceux qui y
« entrent pour l'office divin, en sortiront aussitôt après. » Deux
autres canons méritent encore d'être remarqués ; le premier
pourrait être taxé d'exagération ; mais il n'est que l'expression
d'une haine profonde pour l'erreur. Il est rédigé en ces termes :
« Les églises que les hérétiques ont bâties, ne pourront pas être
« purifiées, mais seulement celles qu'ils ont enlevées, de force,
« au culte catholique. (1) » Saint Avite n'avait pas attendu le concile pour exprimer son opinion à ce sujet. Ses lettres en font foi.

L'autre canon est le trente-quatrième ; il concerne les esclaves :

« Celui qui aura tué son esclave, sans l'autorité du juge, est
« excommunié pour deux ans. »

S'il prouve que les actes de violence, envers les esclaves, étaient
fréquents, et les tribunaux trop souvent impuissants, il atteste, en
même temps, l'autorité de la religion, plus forte que la loi civile,
et devenue presque l'unique défense de l'opprimé. A une époque
où l'esclavage, trop avant dans les mœurs, ne pouvait, d'un seul
coup, être détruit, elle l'adoucissait, en attendant qu'elle le fît
disparaître.

En somme, ce qui paraît avoir inspiré les deux auteurs du
concile, Viventiole et saint Avite, ainsi que leurs suffragants,
c'est le désir de se conformer aux invitations pressantes du pape,

---

(1) Le Concile d'Orléans avait fait un règlement tout contraire, et la pratique de l'Eglise est conforme à sa décision. Notons que ce n'est qu'un point de
discipline.

leur chef spirituel, de garder au clergé de Bourgogne toute sa dignité, en réprimant, dès lors, la cupidité, en attachant les biens aux églises, aux monastères, et non aux évêques et aux abbés, en exigeant qu'ils gouvernassent eux-mêmes, et non par procuration, comme cela se fit plus tard.

Une autre préoccupation de saint Avite et des évêques, c'est celle des mœurs du clergé ; je n'oserais dire qu'elles étaient parfaites alors, et que les canons du concile d'Epaone n'en sont que l'expression austère ; au moins les prélats employaient-ils tous leurs efforts à les rendre dignes du sacerdoce.

Le concile d'Epaone est encore, à un autre point de vue, une date mémorable. Gondebaud, en effet, malgré son amitié pour saint Avite, et bien qu'il ait présidé une conférence solennelle, autorisé un concile, et favorisé, on peut le dire, les progrès de la foi, était lié aux Ariens, par la crainte et par une promesse écrite. (1) A peine son fils Sigismond, l'élève de saint Avite, lui a-t-il succédé, que deux conciles se réunissent, dans la même année de 517. Des canons sévères faits contre l'Arianisme et les Ariens montrent la liberté entière dont jouissent leurs adversaires, naguère tolérés seulement, aujourd'hui les plus forts. L'Evêque de Vienne recueille le fruit de sa longue persévérance, de sa modération honnête, de ses ménagements légitimes, de sa franchise et de sa fermeté.

Nous sommes parvenus en 517 ; jusqu'en 522, la paix et la foi fleurissent en Bourgogne. Ce sont les belles années de saint Avite; l'expression de son contentement se trouve renfermée dans une homélie prononcée, en un bourg (2) dépendant de Genève, nommé Namasce (aujourd'hui Annemasse), à propos de la consécration d'une église ou chapelle, que Maxime, évêque du diocèse,

---

(1) Saint Aviti. — Ep. 29. — « Paulatim in antiqua sui dogmatis crudelitate « revocat litterata promissio. »

(2) « Conjectures historiques sur les homélies prêchées par Avite évêque de « Vienne » par Albert Rilliet.

avait élevée, en cet endroit, sur l'emplacement d'un temple
païen démoli.

« A mesure, (1) dit saint-Avite, que nous recevons sur notre
« route, l'accueil empressé des félicitations publiques, il se forme,
« en quelque sorte, par ce concours solennel et continu, comme
« une seule et même fête, et, en nous avançant ainsi de vertus
« en vertus, nous trouvons dans l'excès de notre joie, de quoi com-
« penser la fatigue que nous cause la difficulté des chemins. Grâce
« au zèle du premier pasteur, on voit, avec les années, les âmes
« se donner, en plus grand nombre, à Dieu, les lieux de prière
« s'augmenter, et les récompenses se multiplier pour ceux qui élè-
« vent des temples aux martyrs. A mesure que les hérétiques dimi-
« nuent, les progrès de la religion vont croissant, et c'est aux
« dépens de la mauvaise foi que s'enrichit la vraie foi. On peut
« dire que déjà brillent, au milieu de la vie présente, quelques
« rayons de ces promesses qui sont faites pour la vie future »...

L'arianisme penche vers sa fin ; cependant, et c'est saint
Avite qui nous l'apprend, les Ariens, même sous Sigismond, sont
encore assez puissants, pour que l'évêque de Vienne refuse de
consacrer leurs temples et de les rendre au culte catholique,
non seulement par scrupule religieux, mais aussi pour ne par
leur donner le droit de se croire persécutés, et d'user plus tard

---

(1) Dicta in dedicatione basilicæ, quam Maximus Episcopus, in Janavinsis
Urbis oppido, condidit in agro, ad sinistrum, distructo inibi fano. Dicta homilia,
cùm de institutione Acaunensium reverteutes, Namasce dedicatio celebrata est.

« Agentibus nobis, viarum cursu, gratulationis procursum, fit continuatione
« solemni quodammodo una festivitas, et, dùm ambulatur ce virtutibus in virtu-
« tes, quod fatigat difficultas itinerum consolatur alacritas gaudiorum. Principis
« studio sacerdotis annis succrescunt animæ Deo, orationibus loca, præmia cons-
« truentibus templa martyribus. Hæretico rariscente, profectus religionis adjici-
« tur ; dispendiis perfidiæ fides recta ditatur. Pænè est ut in præsentibus jàm
« subradiat quod promittitur in futuris. »

dè représailles, sous un prince hérétique. (1) Ce n'est pas cependant des erreurs religieuses d'un roi que vont naître les
nouveaux malheurs de la Bourgogne, mais de Sigismond lui-
même et de son caractère. Un jour, en effet, le barbare reparaît
dans le monarque converti. Il nous donne le spectacle d'un prince
catholique, meurtrier de son fils. Laissons ici parler Grégoire de
Tours :

« Gondebaud étant mort, son fils Sigismond fut mis en posses-
sion de son royaume et édifia avec grand soin le monastère de
saint Maurice, où furent construites des habitations et une Basilique. Ce roi, veuf de sa première femme, fille du roi d'Italie,
Théodoric, dont il avait un fils nommé Sigéric, en épousa une
autre qui, selon l'ordinaire des belles-mères, commença à prendre ce fils en haine, et à susciter des querelles entre son père et
lui. Il arriva, qu'un jour de fête solennelle, le jeune homme re-
connaissant sur elle les vêtements de sa mère, lui dit, plein de
colère. « Tu étais indigne de porter sur tes épaules ces vêtements
« que l'on dit avoir appartenu à ma mère, ta maîtresse. » Alors,
tranportée de faveur, elle excita son mari par des paroles mensongè-
res, en lui disant : « Ce misérable aspire à posséder ton royaume, et il se propose, après t'avoir tué, de l'étendre jusqu'à l'Italie, afin de posséder, à la fois, le royaume de son aïeul, Théodoric, en Italie, et celui-ci. Il sait bien que, tant que tu vivras, il

---

(1) S. Aviti. — Ep. 6. — « Utrùm respondere possimus, fabricas à patre
« suo (Sigismundi) hæreticis institutas catholicis debere partibus applicari. Quòd
« si aut nos suademus, aut consentiat, persecutionem in se commotam hæretici
« non immeritò causabuntur, cùm catholicam mansuetudinem calumnias hæreti-
« corum atque gentilium plus deceat sustinere quàm facere. Quid enim tàm du-
« rum, quàm si illi qui aperta perversitate pereunt, de confessione sibi aut mar-
« tyrio blandiantur ? Et quia post nos, nostri que regis, Deus tribuat, felicissi-
« mam longævitatem, siquidem nihil de processu temporum immutabili credi
« debet, poterit forsitàn hæreticus quicunque regnare, et quidquid perse-
« cutionis Ecclesiis personis que commoverit, non sectæ suæ studio, sed ex vicis-
« situdinis retributione fecisse dicetur. »

ne peut accomplir ce dessein, et qu'il ne s'élèvera que sur tes
ruines. » Animé par ce discours, par d'autres du même genre, et
prenant conseil de sa cruelle épouse, Sigismond devint un cruel
parricide. En effet, un jour, après midi, voyant son fils appesanti
par le vin, il lui ordonna d'aller dormir, et pendant son sommeil, on lui passa derrière le cou, un mouchoir noué au-dessous
du menton, que deux domestiques tirèrent à eux, chacun de son
côté, jusqu'à ce qu'il fut étranglé. Mais, aussitôt que le meurtre
fut consommé, le père, déjà touché de repentir, se jeta sur le
cadavre inanimé de son fils, et commença à pleurer amérement.
Sur quoi, à ce qu'on a rapporté, un vieillard lu dit : « Pleure dé-
« sormais sur toi, qui par de méchants conseils, es devenu un cruel
« parricide ; car, pour celui que tu as fait périr innocent, il n'a pas
« besoin qu'on le pleure. » (1) Telles étaient les mœurs de l'époque, tel était le caractère ombrageux du barbare Arien, que saint
Avite, sans doute à force de donceur, conduisit à la foi, et dont
il dirigea, après son crime, l'illustre repentir. Il en avait fait un
ardent ennemi de l'erreur; la tradition veut qu'il en ait fait ensuite
un saint.

C'est l'évêque de Vienne, (2) (Adon nous l'apprend dans sa chronique) « dont l'influence porta Sigismond à reconstruire le mo-
« nastère d'Agaune et à fonder la psalmodie perpétuelle.» (3) C'était

---

(1) Grégoire de Tours. Liv. 3. Histoire des Francs.

(2) Quo *agente*, ille postmodum monasterium sanctorum Acaunensium construxit
(Adon. Chron. 607.)

(3) « Sur l'institution de ce rite, par Sigismond, tous les témoignages sont d'ac-
« cord, et, quant à la circonstance qui en fut l'occasion, Grégoire de Tours
« la rapporte à deux reprises... »

« Il n'est pas moins probable, comme on peut le conclure de divers témoigna-
« ges, (Frédégaire Chronicon. — Dom Buquet. Recueil etc. T. 2. p. 417. —
« Adon évêque de Vienne, Chronicon etc.) que ce fut sur le conseil et avec
« l'approbation des chefs de son clergé et principalement d'Avitus, que le roi
« parricide et pénitent, dont l'église a fait un saint, se résout à instituer dans
« Agaune le rite de la psalmodie perpétuelle, *psallentium assiduum* ou *quoti-
« dianum*, ainsi que l'appelle Grégoire de Tours. » Conjectures historiques etc.
Albert Rilliet 45-46 p.

une œuvre expiatoire. L'évêque de Vienne assista à l'inauguration du monastère, il serait mieux de dire à sa restauration; (1) car il y avait des moines à Agaune, (plus tard St-Maurice) avant le règne de Sigismond. Voici du reste, en quels termes, Grégoire de Tours raconte le repentir du roi : « Sigismond s'étant « rendu à St-Maurice, y demeura un grand nombre de jours, dans « le jeûne, les larmes et les prières, pour obtenir son pardon ; il « y fonda un chant perpétuel, puis il retourna à Lyon ; » mais la vengeance divine le poussait pas à pas. Le roi Thierry épousa sa fille. Cependant la reine Clotilde s'adressant à Clodomir et à ses autres fils, leur dit : « Que je n'aie pas à me repentir, mes « très chers enfants, de vous avoir nourris avec tendresse : par- « tagez le ressentiment de mon injure, et mettez vos soins à « venger la mort de mon père et de ma mère. » Ils se dirigèrent donc vers la Bourgogne, marchant contre Sigismond et son frère Gondomar. Celui-ci vaincu, s'enfuit ; mais Sigismond cherchant à se réfugier au monastère de St-Maurice, fut pris avec sa femme et ses fils par Clodomir, qui les ayant menés dans la ville d'Orléans, les retint prisonniers. Plus tard il se délivra de Sigismond, de sa femme et de ses fils, en les faisant jeter dans un puits, près de Coulmiers, bourg du territoire d'Orléans. » La chronique d'Adon ajoute que : « saint Avite pleura Sigismond amèrement (2). »

En finissant ce chapitre des rapports de Sigismond et de l'évêque de Vienne, ne pouvons-nous pas dire, avec vérité, et en envisageant saint Avite, sous un nouvel aspect, que le Gallo-Romain, le vaincu, est arrivé à force d'art, de pénétration, de douceur, à vaincre à son tour le barbare, malgré sa rudesse, l'Arien, malgré son orgueil et sa subtilité. N'est-ce pas l'esprit Romain qui triomphe dans une nouvelle Gaule, en partie peuplée d'hôtes étrangers, (comme il triomphe encore de nos jours, dans un grand nombre de nos lois), tandis que le barbare lui-même subit à la fois et rajeunit la vieille civilisation de l'Italie. Cette sagesse persistante de

---

(1) Histoire littéraire de la France. T. 3, p. 78 et 111.
(2) «Quem postmodum captum à Francis et occisum vehementer doluit.»

l'esprit Romain, vivifiée par le Christianisme, saint Avite, sénateur, lettré et catholique, en est un des plus dignes représentants.
S'il adoucit le barbare et convertit l'Arien, il cimente, en même
temps, l'union dans la foi, de deux peuples ; et de cette union,
les Gallo-Romains ne retireront pas un médiocre avantage; déjà
usés ou efféminés par les raffinement du luxe et des arts, le
Germain leur infusera comme un sang nouveau et leur com-
muniquera un plus fier courage (1).

---

(1) Au sujet du monastère d'Agaune, Marius d'Avenches
fixe à 515 l'érection du monastère d'Agaune. D'après Grégoire de Tours, ce
ne serait, au contraire, qu'après la mort de Gondebaud, que son successeur
aurait édifié ce monastère. « La divergence des dates fixées par ces deux
« chroniqueurs, peut aisément se concilier, en attribuant celle que donne Ma-
« rius, au décret par lequel Sigismond prescrit la construction du couvent, et en
« rapportant celle qu'indique Grégoire de Tours, à l'époque où ce décret eut
« reçu sa pleine et entière exécution.»
Conjectures historiques etc. Albert Rilliet. 44 p.

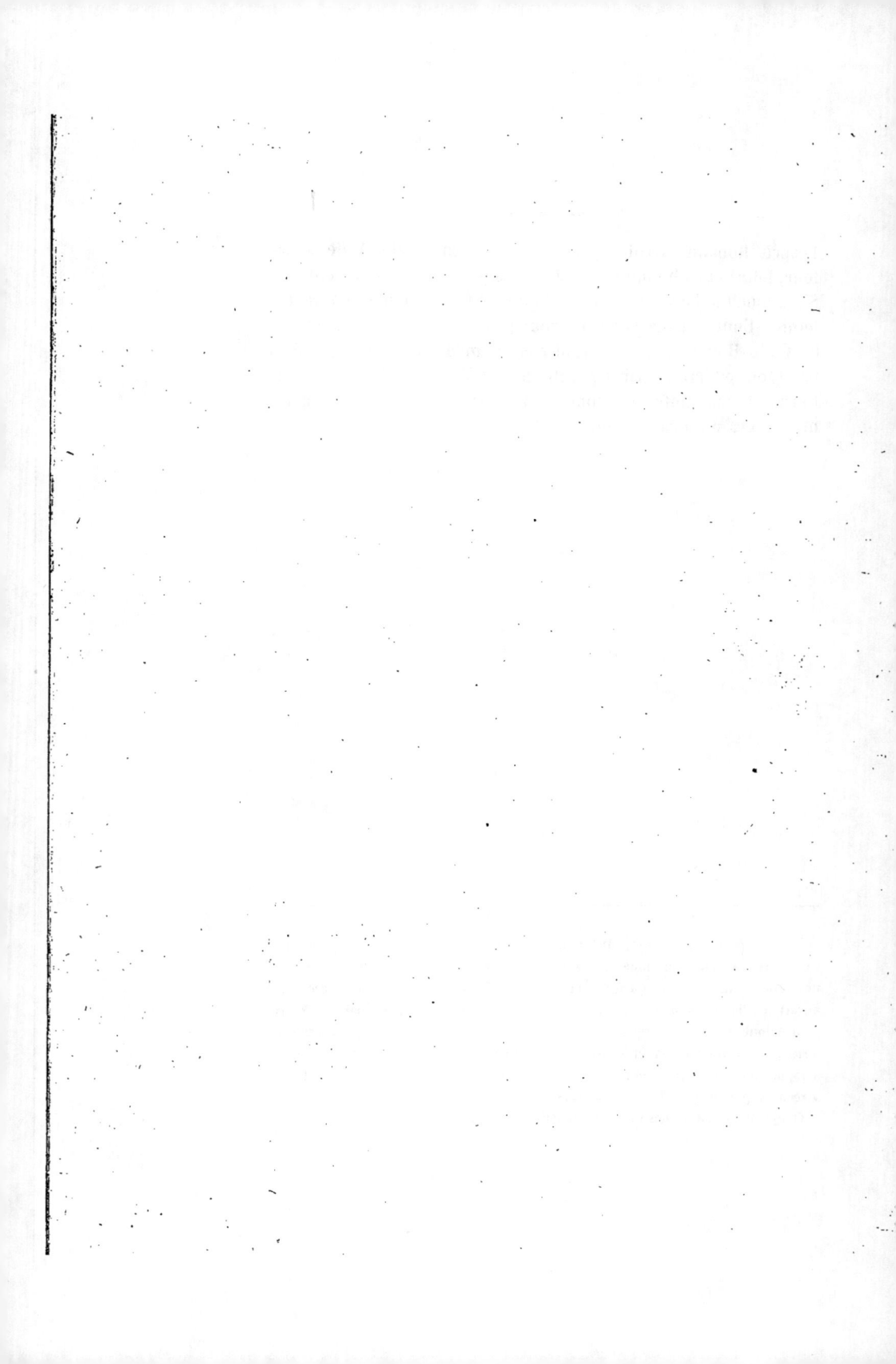

CHAPITRE CINQUIÈME.

Saint Avite dans ses fonctions Episcopales. — Soins qu'il prend des mœurs. — Sa correspondance avec plusieurs Evêques sur quelques points de discipline. — Lettres Festales. — Différend de saint Avite avec l'Evêque d'Arles.

Infatigable dans son zèle religieux pour toute une famille de rois, saint Avite ne le fut pas moins pour faire prospérer la foi dans son diocèse et même au-delà, comme métropolitain. Le succès couronna ses efforts, et lui-même put se réjouir, « de voir « briller sous le sceptre des souverains catholiques, les lieux con- « sacrés à la prière, les temples des martyrs, les portiques saints ; « les bourgs non moins embellis par leurs patrons que par les « églises qui leur étaient consacrées : bien plus, illustrés par un « tel patronnage, les bourgs se transformant en cités (1). »

---

(1) « Generali exultatione gaudendam est, quod florentibus sceptris catho-
« licæ potestatis, orationum loca, martyrum templa, liminum sacra, ornantur op-
« pida non minùs ædibus quàm patronis, imò potiùs illustratæ patrociniis fiunt
« urbes ex oppidis. »
Fragmenta homiliarum. **3.**

C'est encore par les soins de saint Avite que l'église de Vienne où étaient les fonds baptismaux, devint une merveille, avec ses marbres et ses pierres mosaïques, son parvis d'un travail élégant, et le baptistère lui-même, son aqueduc et les ornements en l'honneur des patriarches, des prophètes et de saint Jean-Baptiste. L'évêque reconstruisit cette église, depuis ses fondements, en moins d'une année ; il prononça, à ce sujet, une homélie (1) dont le titre seul nous a été conservé.

Ouvrier vigilant pour embellir, à l'extérieur, l'église de Dieu, il s'appliqua bien plus encore, à sauver les mœurs et à fortifier la discipline ecclésiastique. Ces deux questions font l'objet principal de ce chapitre, où nous dirons un mot des lettres festales et du différend de saint Avite avec l'évêque d'Arles. Sous ces divers aspects, c'est toujours l'évêque dans son diocèse et le métropolitain qui sont en cause. Examinons d'abord, au sujet des mœurs, les deux lettres écrites à Victorius, évêque de Grenoble ; elles eurent pour motif, un certain Vincomalus, qui avait épousé la sœur de sa première femme et vivait avec elle depuis plusieurs années. Victorius consulta saint Avite, son métropolitain, sur la conduite à tenir, en cette occasion : quelle pénitence devait-on imposer aux coupables ? Fallait-il les séparer ? Saint Avite répondit à (2) son suffragant qu'il ne devait point souffrir ce désordre, mais leur enjoindre de se séparer, frapper d'anathème cet homme et les excommunier l'un et l'autre, jusqu'à ce qu'ils aient obéi et fait publiquement pénitence de leur faute. L'évêque de Vienne, reconnaît cependant, que Victorius a le pouvoir, en sa qualité d'évêque, de tempérer la rigueur de cette sentence, et de traiter plus doucement les coupables, s'ils témoignent un sincère repentir. Vincomalus, lui-même, vint trouver saint Avite, et tâcher d'excuser

---

(1) « In restauratione baptisterii, in civitate sua, Vienna. » Acta sanctorum. Vita S. Aviti, 476.

(2) S. Aviti. Ep. 15. « Probatæ summæ que pietatis est, ut de causis etc. »

son crime, par la longueur du temps qu'il avait passé avec
cette femme. L'évêque lui apprit que cette circonstance aug-
mentait sa faute, au lieu de la diminuer, lui fit promettre de
se séparer, au plus tôt, de cette femme, de faire, à son retour, la même promesse à son évêque, et de lui demander
qu'il le déliât de l'excommunication dont il l'avait lié. Saint
Avite écrivit alors une seconde lettre (1) à Victorius, où, après
lui avoir marqué tout ce qui s'était passé entre lui et Vincomalus, il lui conseillait de modérer la sentence portée contre ce
malheureux, de rompre seulement son mariage par un simple
divorce, et de ne pas le punir selon la rigueur des canons,
qui voulaient, en pareil cas, que l'on séparât les époux et
qu'on les mît en pénitence publique. Il avertit néanmoins Victorius de point trop se fier à la parole de Vincomalus, que
sa vie précédente ne rendait pas digne de foi, et de ne lui
pardonner que sous la garantie de ceux qui intercéderaient
pour lui.

Dans une autre circonstance, saint Avite fut encore plus
sévère. Un (2) homme avoit abusé d'une fille : quoique le
crime fut connu de tout le monde, il osa le nier devant saint
Avite, qui se trouvait alors à Lyon ; mais revenu à lui-même,
il employa un homme de qualité pour en obtenir le pardon.

Ansémondus, c'est ainsi que se nommait cet homme de qualité, en écrivit à saint Avite. Celui-ci répondit qu'il ne pouvait
recevoir le coupable, s'il n'avait fait pénitence : qu'en vain il
le citerait à Rome et l'accuserait lui-même d'avoir eu des enfants : que toutes ses menaces ne le feraient en rien relâcher
de son devoir, et que si le coupable ne se corrigeait point
par une pénitence volontaire, il le ferait mettre en prison.

---

(1) S. Aviti. — Ep. 16. « Cautelæ et caritati satisfacitis dum me aliquid etc. »

(2) S. Aviti. — Ep. 49. « Plurimùm miror quod persona pro qua intercedere
« dignamini, mihi Lugduni posito sola negaret crimen quod universitas conclama-
« bat. »

pour lui ôter, du moins, le moyen de continuer son désordre.

Ainsi l'Eglise ne triomphe pas seulement de l'erreur, en Bourgogne, du temps de saint Avite et par son influence ; elle juge les mœurs ; elle sépare les incestueux, elle fait mettre le séducteur en prison, elle s'élève avec indignation contre l'adultère, qui, « seul aux yeux de Dieu, (1) permet la séparation de l'époux et de l'épouse ; » elle soutient la loi (nous l'avons vu dans les canons d'Epaone) ; ou plutôt la loi véritable est dans l'Eglise, assez puissante pour maîtriser les âmes, et courber les fronts les plus fiers, témoin Sigismond, tandis que la société civile, ne trouve pour s'affermir ou vaincre la barbarie, que des lois mal observées, et, malgré des efforts généreux, ne sait inventer rien de mieux, contre des violences journalières, que le combat judiciaire !

Les questions de discipline n'occupaient pas moins le zèle toujours actif de saint Avite. Apprenant qu'un prêtre avait été élu par le peuple, qui n'avait le droit de consécration que sur les évêques, il invita le prélat dont il tenait le fait, « à châtier « ce prêtre illégitimement nommé et à veiller à ce qu'une « pareille audace ne se renouvelât jamais. » (2)

C'est encore l'évêque de Vienne, qui, dans un fragment d'homélie, se prononçait avec fermeté contre l'intrigue et la cabale qui poussent certains personnages à l'épiscopat, et décrivait en ces termes les qualités nécessaires pour de telles

---

(1) S. Aviti. — Ep. 49. « Si autem corruptionem quam non inchoaverat, gravavit argumento, quid excogitari turpius, quid horribilius potest, quàm ut illum nec hoc prohiberet à meretrice, *propter quod solùm Deus separari virum permittit à conjuge ?* »

(Il s'agit ici du coupable qui avait pris Ansémondus pour défenseur et qui était marié. Le deuxième canon du Concile de Venise permettait, en *cas d'adultère,* à un époux de prendre une nouvelle épouse. — Voir Sirmond, S. Aviti Ep. 49. N. A.

(2) S. Aviti. — Ep. 66.

fonctions : « Au témoignage du maître, (pour être évêque) la
» naissance n'est rien, et le gardien du Ciel. Pierre, qui laissa
« les filets pour pêcher les hommes, ne fut pas agréé pour sa
« naissance, mais pour ses mérites ; Mathieu enlevé de son
« comptoir de collecteur d'impôts, fit ses bénéfices où Dieu le
« voulait. Mais pourquoi citer tels ou tels personnages ? Le
« Ciel prit pour lui et choisit tout ce qu'il y avait d'ignoble
« et de méprisable, suivant le monde ; il préféra aux opulents
« du siècle, les pauvres d'esprit, estimant, a bon droit, que les
« plus riches étaient ceux qui avaient la vraie, la pure noblesse ;
« et qui, loin de se charger de biens, avaient déposé la charge
de leur crimes. » (1).

Saint Avite est donc un évêque de la primitive église ; toutefois, vis-à-vis des Ariens, il fait preuve d'une rare habileté, d'une
prudence nécessaire. Il met tous ses soins à sauvegarder la dignité de son Eglise, qu'il soit question du prêtre, en particulier,
ou de la doctrine elle-même. Uu jour, il reproche à un évêque
(2) « de vouloir livrer un de ses inférieurs au tribunal civil ; »
il ne veut pas non plus qu'on interdise trop sévèrement la communion aux laïques ou aux clercs.

Dans une épître (3) à un évêque qu'il ne nomme point, peut-

(1, « Ad magisterii testimonium nascendi causa non per.inet, neque ille cœlo-
» rum janitor Petrus, quem piscatorem hominum retia contempta fecerunt, ori-
» gine placuit natalium, sed fine meritorum ; sicut Matthæus, cùm de teleone
» assumptues est, illic inchoavit lucrum, ubi jussus est terminare negotium. Quid
» de singulis loquor ? talis omnium fuit assumptio, in quorum personis ignobilia
» et contemptibilia mundi eligens Deus, præposuit pauperes spiritu divitibus
» censu. etc. » (Ex. fragmentis operum. — Ad Corinthios primæ 1.)

(2) S. Aviti. — Ep. 61. « Quibus (litteris) jubebas ut fratrem et consacer-
» dotem nostrum Candidianum... non solùm ad clericorum, verùm etiàm ad
» laïcorum audientiam destinarem... Consequens erit ut clericorum libertatem
» prodamus. »

(3) S. Aviti. — Ep. 26. « Nec valeo sinè grandi vobis dolore suggerere quàm
» gravi sanctitas vestra, date veniam, facilitate præventa sit. Iustruxistis adver-
» sarios armis vestris, prodidistis *imporfectis* secreta nostra. »

être afin de ménager sa réputation, saint Avite adresse de vifs reproches à son suffragant, pour avoir donné, sans le vouloir, des
armes aux hérétiques, contre la vérité : « Je ne puis, sans une
«grande douleur, écrit-il, vous faire observer de quelle funeste lé-
«gèreté votre sainteté s'est rendue coupable. Vous avez armé nos
«ennemis de vos propres armes; vous avez livré nos mystères aux
«*imparfaits*. Vous avez, pour ainsi dire, donné les vases du Sei-
«gneur, en spectacle, à des convives qui s'en sont moqués.» Saint
Avite ne spécifie pas ce dont il s'agit dans ce passage. Il fait
sans doute allusion à la doctrine du secret : « Arcani disciplina, »
usitée dans les premiers siècles de l'église. Les imparfaits étaient
les infidèles, ou encore les chrétiens, qui n'avaient pas reçu le
sacrement de confirmation, et en général ceux qui n'étaient pas
initiés. On comprend la prudence dont il fallait faire usage à l'é-
gard de ceux qui demandaient à être accueillis dans le sein de
l'Eglise, mais qu'il fallait encore éprouver, et à l'égard des hérétiques, dans un temps de lutte religieuse. On avait à craindre la
mauvaise foi, la raillerie ou le sacrilège. Ce secret ou cette ré-
serve portait principalement sur les sacrements.

Dans la même épitre, saint Avite éclaircit, en ces termes, un
point intéressant de la discipline ecclésiastique : « Quant à l'état
« d'un converti, sur lequel vous croyez devoir me consulter, je
« définis par inspiration divine, (1) que cet homme peut être élevé
« à tous les degrés du sacerdoce, si toutefois les canons ne lui in-
« terdisent pas la cléricature, à raison du mariage, des mœurs,
« ou de toute autre circonstance. En effet, pourquoi ne paîtrait-

---

(1) S. Aviti. — Ep. 26. « De reliquo autem quod me super conversi statu
« creditis consulendum, definio, inspiratione divina. ad quemlibet sacerdotii gra-
« dum hominem posse consurgere, si non est aut in ratione conjugii, aut in qua
« cumque regula moribus que quod prohibeat clericatum. Cur enim non pascat
« Christi gregem, qui sapienter advertit oves non esse quas paverat?... Quare
« non fiat in sacerdotio nostro erectus, qui amore humilitatis à suo voluit esse
« deciduus ? » *Inspiratione divina*, veut dire, sans doute, en m'appuyant sur les
décrets des conciles.

« il pas le troupeau du Seigneur, lui qui fut assez sage pour voir
« qne jusqu'alors il ne paissait pas de véritables brebis ? Pour-
« quoi ne pas élever à notre sacerdoce un homme qui, par
« amour de l'humilité, a voulu déchoir de son propre sacerdoce.»

La charité intelligente de saint Avite, dont cette lettre nous
donne une nouvelle preuve, n'était égalée que par sa haine de
l'hérésie. Une Epître la peint admirablement ; Victorius, lui
avait demandé s'il fallait enlever leurs temples aux Ariens
et si les catholiques pouvaient faire les exercice de la religion
dans les églises et oratoires des hérétiques, en les purifiant
par une nouvelle consécration. La réponse est très-sévère ; elle
reproduit un canon du concile d'Epaone, dont l'évêque de Vienne
fut l'âme. Nous avons dit quel motif de prudence, malgré la vivacité du langage, détermina saint Avite en cette occasion ; il eut
encore, pour trancher ce point de discipline ecclésiastique, une
raison plus élevée : « Il est bien vrai, en effet, écrit-il, que par
« l'imposition des mains de l'évêque, la tache de l'hérésie est ôtée,
« et la plénitude de la foi rendue; mais on ne voit pas comment une
« chose impassible, telle qu'un édifice, qui, après avoir été consa-
« cré, s'est souillé par l'usage qu'en ont fait les hérétiques, pourrait
« être purifiée par une nouvelle consécration; une fois convenu que
« l'on peut consacrer un autel souillé par les hérétiques, il faudra
« convenir aussi que le pain mis par eux sur ces autels, peut être
« employé par les nôtres... Du reste, on ne parviendra jamais à
« purifier un sépulcre dans lequel un cadavre a pourri.. on a beau
« jeter hors de l'église hérétique les ossements de l'hérésie: plutôt
« que d'y déposer les membres de Jésus-Christ, il vaut mieux,
« pour donner une leçon aux peuples, la laisser dans un éternel
« veuvage. » (1)

---

(1) S. Aviti. — Ep. 6. « Per impositionem manús sacerdotalis fit pravitatis
« amissio, fidei redditur plenitudo. Res autem insensibilis, quæ primum innovata
« polluitur, ignorare me fateor qua deinceps sanctificatione purgetur. Dico certè
« si potest pollutum ab hæriticis altare sacrari, posse et panem, qui super illud
« positus est, ad sacrificia nostra transferri... Quis ergo mihi persuadere conetur?
« post errores funerum sepulcrum posse mundari ? Expulisti quidem mortici-

Ici, sur un point de la discipline, variable par sa nature, saint Avite peut avoir été trop loin. Mais n'a-t-il pas été plutôt saintement habile, en évitant à la fois, de donner aux Ariens les bénéfices d'un semblant de persécution et en réprouvant, comme évêque, le moindre contact avec l'hérésie, dans un temps où elle venait seulement d'être vaincue et pouvait encore renaître. Il pensait, sans doute, que l'ignorance, une fois dissipée, ne reparaît plus, mais que l'erreur, née de l'orgueil, a toujours dans l'orgueil, un principe de vie.

Ces différents extraits ne nous donnent pas saint Avite tout entier, dans ses divers travaux de pasteur des âmes; à des devoirs qui exigeaient tant de prudence, de délicatesse, quelquefois de fermeté sévère, il mêlait des soins plus doux. Ses lettres festales n'ont, par elles-mêmes, et pour nous, aucun intérêt bien saisissant ; ce sont de courtes épîtres, de simples billets : « invitation aux grandes fêtes de l'année, bons souhaits, sentiments pieux, témoignages d'amitié et de charité,» tel est le fond de ces lettres familières adressées par saint Avite à ses suffragants ; assez indifférentes, dans leur expression, pour ne pas dire banales, elles avaient un but élevé, celui d'unir plus étroitement le cœur des évêques, pour les besoins de la même cause, de les soutenir, dans l'accomplissement de leurs austères devoirs, dans leurs luttes journalières contre l'hérésie, par les émotions paisibles d'une joie chrétienne, par une correspondance aimable, quelquefois gaie, et qui les rappelait sur la terre, sans trop les éloigner du ciel. En s'invitant les uns les autres aux grandes solennités de l'église, ils donnaient à celles-ci plus de pompe et d'éclat ; c'était encore une manière de conquérir les âmes à la foi, en charmant les yeux étonnés des barbares.

« num dogmatis alieni et... sepulcro suo quasi ossa honore carentia projecisti. « Sed puto quòd imponi in fœtores sacri corporis membra non debeant. Salubri « populorum correctione desertis (hæreticorum templis) maneat æterna viduitas.»

Voici quelques fragments de ces lettres, dites festales. Saint
Avite écrit à un évêque, nommé Gémellus : « Depuis long-
« temps (1) une lettre de votre béatitude se faisait désirer ; mais
« nous la recevons avec un surcroît de plaisir ; car la dernière
« fête, que nous avons, par la grâce divine, heureusement cé-
« lébrée, ne s'est pas moins heureusement passée pour vous, et
« cette nouvelle nous comble de joie. Priez pour que toujours
« l'église catholique, obtienne, par le suffrage des saints, ce qui,
« aux yeux de Dieu, est nécessaire pour le maintien de la paix
« et de la discipline : que tous conservent la charité frater-
« nelle. »

Parmi ces lettres, qui ont le défaut de se ressembler beaucoup, il en est une à mentionner ; elle met encore en scène
Sigismond, et révèle le soin scrupuleux que prenait saint Avite,
d'éviter, dans sa conduite, la moindre négligence qui pût donner à ses ennemis, les Ariens, quelque raison de le calom-
nier. Elle est adressée à Viventiolus, évêque de Lyon, ami de
l'Evêque de Vienne.

« Sans l'obstacle de nos péchés, qui s'opposent trop sou-
« vent à la réalisation de nos désirs communs, je me serais rendu,
« selon ma coutume et mes vœux, à l'invitation ordinaire de
« votre charité. Comme c'eût été pour moi, un double avantage,
« d'assister à la fête et de jouir de votre présence, c'est moi
« seul, vous le voyez, qui perdrai à ne pouvoir vous satisfaire.
« Mais on attend ici, à chaque instant, les *Puissances* (2), et

---

(1) S. Aviti. Ep. 53. « Litteras beatitudinis vestræ quas diuturnitas temporis
fecerat desiderabiles, vicina festivitas reddidit gratiores quam in Dei nomine
prospere celebravimus, et à vobis commodè transactam esse gaudemus... »

(2) S. Aviti. Ep. 58. « Nisi frequenter vota communia peccatorum impedirentur
« objectu, jussioni consuetudinariæ caritatis solito volueram parere servitio.
« Nam cùm festivitati vobis que occurrere duplicis compendii res fuisset, videtis
« ad mei solius pertinere dispendium, quod nequeo implere præceptum. Ità nam-
« que apud nos, per momenta singula, *Potestatum* speratur adventus, ut nisi

« si je manquais d'être présent, à leur arrivée, mon départ, si
« légitime qu'il parût, serait taxé, non-seulement de négligence,
« mais même d'orgueilleux dédain, par ceux qui ont coutume
« de nous reprocher les fautes les plus légères. »

Prudent ou ferme, suivant l'occasion, saint Avite donna encore,
à propos des frontières de son diocèse un bel exemple d'o-
béissance. Il s'agit de son différend avec l'évêque d'Arles, Eone.
Pour le bien comprendre, il nous faut remonter un peu plus
haut :

Le pape Anastase avait étendu les priviléges de la métropole
de Vienne, parce que, sans doute, la cité d'Arles, étant soumise
aux Wisigoths, son évêque ne pouvait que difficilement exercer
sa juridiction sur les églises de son diocèse soumises à la domination des Burgondes. Eone d'Arles, après la mort d'Anastase,
porta ses plaintes au pape, qui ordonna aux parties adverses
d'envoyer des députés, pour lui faire connaître leurs raisons.
Eone envoya le prêtre Crescentius : mais, saint Avite n'ayant
envoyé personne, le pape Symmaque donna raison à l'évêque
d'Arles. Il jugea par prévision, qu'il fallait soutenir ce qui avait
été anciennement réglé là-dessus par le saint-siége ; car il ne
convenait pas que les décrets d'un pape fussent annulés dans la
suite. (1)

« Quel respect, dit-il, portera-t-on aux successeurs de Pierre, si
« ce qu'ils ont réglé, pendant leur pontificat, perd sa force, dès
« qu'ils sontmorts ! » Le même pape Symmaque convient cependant,
qu'on peut avoir des raison d'abroger les décrets de pure disci-

---

« illis venientibus præsens esse curavero, ab eis qui solent in nobis etiàm
« leviora culpare, quamlibet simplex abscessus meus, non solùm negligentiæ,
« sed etiàm contumaciæ deputetur. » Il ne peut être question ici, que de Sigismond, prince catholique, et qui se rendait volontiers, aux grandes solennités
de l'église, dans différentes villes de ses états. Les lettres festales sont assez
nombreuses : Ep. 53, 59, 60, 64, 65, 67, 68, 73, 75, 76.

(1) La lettre du pape Symmaque se trouve dans les « œuvres du pape Symmaque. »
Patrologie Migne. Lettré 4. Tome 62 de la Patrologie.

pline. La lettre est datée du 29 septembre, de la deuxième année après le consulat de Paulin, c'est-à-dire, l'an 500.

Saint Avite se plaignit d'avoir été condamné, sans avoir été entendu. Le pape lui répondit, à la date du 13 octobre 501 : « qu'il ne devait pas s'offenser de ce qu'il avait écrit à Eone ; « qu'il ne voulait, en aucune manière, porter préjudice à ses « droits, et qu'il était encore libre de proposer sa défense. Quoi- « que nous vous ayons mandé, écrit-il, que notre prédécesseur « Anastase, de sainte mémoire, avait mis la confusion dans votre « province, en modifiant les anciens règlements des souverains « Pontifes, et que l'on ne devait pas souffrir cette innovation, « cependant, si vous nous faites connaître qu'il a eu de bonnes « raisons, nous serons heureux de trouver qu'il n'a rien fait, en « cela, contre les canons. Car, quoiqu'il faille garder exactement « les anciens décrets, il faut aussi se relâcher de leur rigueur, en « vue d'un bien, pour lequel la loi aurait fait une exception, si « elle l'avait prévu. »

Cette affaire traîna en longueur, sans doute, parce qu'Eone vint à mourir, l'an 502. Elle se termina en faveur de l'évêque d'Arles, saint Césaire : le pape Symmaque confirma la décision d'Anastase (1).

Plus tard, nous verrons l'évêque de Vienne, occupé à dé- fendre celui qui l'avait condamné !

---

(1) Œuvres de Symmaque. (Patrologie Migne). Lettre 8ᵉ. T. 62.

CHAPITRE SIXIÈME.

Vie privée de saint Avite. — Ses épitres à différents personnages de son temps, Hommes de lettres, Grammairiens, Rhéteurs — Ses rapports d'amitié et de parenté.

Saint Avite n'est pas seulement, en Bourgogne, un évêque illustre, un ami des rois, un sévère défenseur de la vérité, des mœurs, de la discipline ecclésiastique, prêchant la soumission par son exemple, c'est encore un homme de bonne compagnie, un lettré, un ami, un frère, qui dans sa correspondance, se délasse des soins de l'apostolat, et toutefois, même en ayant l'air de se jouer, exerce encore son ministère. Parmi ses épitres, plusieurs sont écrites à des hommes instruits, à des personnages considérables : elles blâment, louent, consolent : il en est une, adressée à Héraclius, plus tard évêque, et qui peut se ranger parmi les épitres littéraires, malgré son caractère religieux, puisqu'elle félicite un Rhéteur de son éloquence.

Trois autres, envoyées à Aurélianus aujourd'hui inconnu, alors élevé en dignité, à Elpidius, médecin de Théodoric, au Rhéteur Viventiolus, décèlent plus ou moins, sous différents prétextes, des prétentions littéraires (1) ; celles qui viennent

---

(1) Quelques autres épitres, littéraires aussi, trouveront mieux leur place à la tête des poësies de saint Avite, auxquelles elles servent comme de préface.

après, sont véritablement écrites pour des amis, reçues par de saints évêques ; mais ce n'est pas assez pour connaître saint Avite, tout entier, dans la vie privée ; ses épîtres à saint Apollinaire de Valence, son frère, à un autre Apollinaire fils de Sidoine, son parent, nous le montrent dans le secret de la famille, dans toute la simplicité de son cœur, sans que la familiarité où nous le voyons descendre lui fasse rien perdre de sa dignité.

Héraclius, dont nous allons d'abord parler, avait défendu la cause de la religion, devant Gondebaud, avec éloquence. L'évêque de Vienne lui écrivit : « Autrefois, (1) vous avez ren-
« du à César ce qui appartient à César, et, aujourd'hui, pour
« rendre à Dieu ce qui appartient à Dieu, vous n'avez pas cru
« devoir épargner César. Mais vous donnez, par là même, un
« nouveau prix aux éloges que vous aviez décernés auparavant.
« Car, votre résistance est une preuve que vous ne savez pas
« flatter. »

Ne voyons-nous pas ici reparaître l'évêque dépeint par Grégoire de Tours, reprochant à Gondebaud de ne point oser professer ouvertement la foi qu'il a dans le cœur, ou écrivant à Sigismond que la vérité passe avant les rois ?

Nous avons la réponse d'Héraclius, qui est pleine de dignité et rapporte à Dieu sa victoire.

La lettre à Viventiolus autre rhéteur, est moins élevée ; mais elle atteste, avec quelle souplesse d'esprit, saint Avite savait changer de ton et descendre même jusqu'à des questions de prosodie. Viventiolus accusait l'évêque de Vienne, d'avoir, dans une homélie prononcée à Lyon, fait *longue* une syllabe *brève*. Saint Avite ne voulut pas laisser croire qu'il n'avait pas con-

---

(1) S. Aviti. Ep. 47. « Os saecularis eloquentiæ pompis assuetum, et fluentis exundantibus Romuleae profunditatis irriguo, alacritate debita missam sibi de su-
« pernis materiam dignæ disputationis arripuit... Itaque sicut aliàs laudando
« regem reddidistis Cæsari quod Cæsaris erat, ità hìc, ut redderetis Deo quæ
« Dei sunt, nec Cæsari pepercistis... Si quidem nescire vos assentationis illece-
« bram, cùm res admonuit, etiàm resistendo monstrastis. »

servé le souvenir de ses anciennes études. Tout en avouant que les fautes de cette nature se comprennent chez un homme qui, dans la fleur de sa jeunesse, a étudié les lettres, et qui, depuis lors, a beaucoup perdu : « car l'âge emporte tout, » il montre, par plusieurs exemples, « que si Virgile fait brève, (1) la deuxième syllabe de *potiris,* c'est par une licence poétique entièrement contraire aux lois de l'analyse ; que d'ailleurs Virgile, a bien des fois, sacrifié la quantité naturelle des syllabes à la versification ; enfin qu'aucun homme instruit ne peut obliger l'auteur latin, à suivre, dans ses licences, l'exemple du poëte latin. »

Bien que Viventiolus fût un grammairien minutieux, la lettre de saint Avite nous apprend qu'il expliquait à ses élèves les grands orateurs et les meilleurs poëtes de l'antiquité ; elle fait voir que les lettres étaient encore en honneur sous les rois Burgondes. Remarquons cependant, à propos de Viventiolus, que dans les temps de décadence littéraire, la grammaire prend une importance excessive : faute de saisir le beau ou de s'attacher au fond des choses, l'esprit s'arrête à leur superficie ; les questions de mots deviennent d'autant plus graves, qu'avec le goût disparaissent l'éloquence, la poësie, la philosophie : la société s'enfonce dans la barbarie. Ce qui l'a sauvée dans les temps modernes, c'est la religion, gardienne de la vérité, qui conservait l'étincelle du beau et promettait aux lettres des temps meilleurs. Douze siècles plus tard, de quoi les plus grand écrivains nourriront-ils les esprits, sinon de la vérité rajeunie par l'art chrétien ?

C'est encore l'évêque lettré qui a écrit l'épître à Aurélianus, où il traite de l'adversité et conseille ainsi la résignation : « Tant « que l'on court sur cette mer du monde, le flot en est toujours

---

(1) S. Aviti. Ep. 51. «Commune verbum, tempore præsenti, numero singulari, personæ primæ *potior,* secundæ personæ longa media, *potiris* ; restat nunc personæ tertiæ, id est *potitur* ; similiter longa sit necesse etc. »

« troublé ; respirons-nous un jour, c'est plutôt un intervalle dans
« l'épreuve que la fin du mal. On dirait un trait de lumière, qui
« vient se jouer de nous, et nous amollir dans une trompeuse sé-
« curité ; l'angoisse qui y succède et la crainte qui se renouvelle
« n'en sont que plus terribles... Le Ciel se rassérène-t-il un jour,
« profitons-en, mais sans trop jouir de ce changement inespéré de
» la capricieuse fortune. » (1)

Ces lignes rappellent Sénèque et son style ingénieux, avec une
poétique douceur que n'eut pas l'écrivain païen. Il s'agit ici d'une
infortune que nous ignorons. Une dernière épître littéraire adressée à Elpidius, diacre de l'église de Lyon, et médecin de Théodoric, roi d'Italie, a malgré quelque subtilité, un tour délicat et
traite de l'amitié : « Elle est, disent les Bollandistes, assaisonnée
« du sel de la sagesse. » Elpidius, avait écrit à saint Avite que
plusieurs de ses lettres ne lui étaient pas parvenues ; celui-ci répond : « Au plaisir que votre lettre m'a fait éprouver, s'est mêlée
« quelque angoisse et quelqu'amertume, lorsque vous m'avez ap-
« pris que vous n'aviez pas reçu mes réponses. Cependant notre
« mutuelle amitié n'en est pas moins toujours la même; il faut plus
« d'une fois pardonner au hasard qui trompe nos vœux, ou plu-
« tôt nous prive du plaisir de nous entretenir ; c'est un dommage
« pour le cœur, mais l'amitié n'en souffre point. Dans deux âmes
« qui s'aiment, ce qu'il y a, je crois, de plus précieux, c'est que
« rien n'est remis au hasard des évènements ; le plus grand éloi-
« gnement ne peut rien pour dissiper l'amitié et l'oubli ne la
« trompe jamais. »

« Que vous ayez jugé mon silence une perte pour votre cœur,

---

(1) S. Aviti, Ep. 34. « Dùm per mundanum pelagus curritur, fluctu assiduæ
« perturbationis insistit. Quandoquidem hoc ipsum quod inter adversitates tem-
« porum respiramus, discriminum quæ patiamur intervalla magis debemus pu-
« tare, quam termium. Nàm idcircò tantùm inter incommoda calamitatum, cir-
« cumscribendis potiùs quàm sanandis, lux quædam videtur alludere, ut mentes
« fallaci securitate laxatas. instaurato graviùs metu, succiduus angor afficiat. »

« n'est-cepas déjà, aujourd'hui, une nouvelle preuve de votre tendresse ? » (1)

Elpidius, malgré le ton surtout littéraire de cette lettre, peut être rangé parmi les amis de saint Avite ; celui-ci en eut d'aussi illustres , avec lesquels son esprit s'ingénie moins à raffiner, tandis que son cœur parait plus à l'aise ; nommons entr'autres, un ermite du Jura, un ermite savant, Viventiolus, devenu plus tard évêque de Lyon. Agobard loue sa science universellement reconnue. Or, Viventiolus avait fait, de ses mains, une sellette de bois, et l'avait envoyée en présent, à saint Avite dont la réputation était grande en Bourgogne et dans toute la Gaule. A cet hommage si simple, l'évêque de Vienne répondit par une lettre, où il souhaitait à Viventiolus, un siége épiscopal en échange du siége qu'il lui avait donné : « Votre ermitage, dit-il, d'où sort comme un « parfum d'élégance, attire à lui, et votre présence, votre carac-« tère, votre science, les soins qui vous occupent doivent en faire « un paradis. » (2)

Viventiolus avait connu l'évêque de Vienne, dans un voyage où il avait également visité Apollinaire de Valence. C'est à saint Avite, son ami, et à son rare mérite, comme à son cœur apostolique, qu'il dut son élévation au siége de Lyon.

Son prédécesseur, Etienne, parait aussi avoir été étroitement lié avec l'apôtre de la Bourgogne, au moins dans l'intérêt de la

1) S. Aviti. Ep. 35. « Et ego quidem molestè tuli, et tibi molestum fuisse « gavisus sum, in tàm idonea opportunitate desideriis duorum unius officii pe-« riisse commercium. Verumtamen cùm de institutæ dilectionis proposito pars « alterna secura est, nonnunquàm casibus oportet ignosci, quibus colloquia nostra « potiùs quàm vota frustratis, sollicitudini damnum potest contingere, non « amori... Illud igitur in mentibus amicorum censeo esse pretiosius, in quo cons-« tat fortuitis nil licere, quod nec itineris dissipat longitudo, nec oblivionis frus-« tratur abusio. etc. »

(2) S Aviti. Ep. 17. « Illud quoque ut de eremo talia proferri posse dicatis, « elegantia quadam desideria hominum ad locum vestræ cohabitationis attrahitis. « Qui, procul dubio, personæ vestræ sollicitudine... doctrina, fieret paradisus. »

foi ; nous en avons pour témoignage la conférence de Lyon ; ajoutons-y une épître où saint Avite l'engage à éloigner, de toutes ses forces, le poison ou le schisme des donatistes.

Il y avait, dans le diocèse de Lyon, un homme engagé dans ce parti; l'évêque de Vienne veut que son émule travaille à le convertir, de crainte qu'il ne répande son erreur dans les Gaules (1): « Il « faut empêcher cette peste de naître; il faut dissiper jusqu'à la « fumée d'une pareille nouvelle ; c'est une étincelle qui doit être « étouffée, avant qu'elle devienne un incendie.» On ne sait ce que l'on doit le plus admirer, ou de l'ardeur apostolique de saint Avite, dont l'œil pénétrant, va, jusque dans un diocèse étranger, épier et saisir le point noir d'une hérésie nouvelle ou de sa hardiesse à avertir, d'une manière aussi vive, un prélat, métropolitain comme lui, et qui échappait à sa juridiction, tout en acceptant, sans doute, les conseils d'une amitié féconde pour la vérité.

Deux seules épîtres sortent du ton ordinaire où se complaît l'évêque, toujours sérieux, même dans le commerce le plus intime ou sous les dehors les plus littéraires. L'une est adressée à Sapaude, personnage important, l'autre à Maxime ; elles mettent en scène un certain archidiacre, Léonianus, qui dut transmettre à saint Avite les présents de l'évêque de Genève, présents qui consistaient en fruits, en viande, en vin. Le prélat raille, dans sa réponse à Maxime, son ami, l'abstinence forcée du messager et la nécessité où il était, de ne toucher à aucun de ces mets délicieux qu'il n'a respectés qu'en gémissant, « semblable au cor- « beau d'Elie, qui portait dans son bec, sans en rien prendre pour lui, la nourriture descendue des cieux. » (2) Dans la lettre à Sapaude, c'est Léonianus, lui-même, qui parle; c'est saint

---

(1) S. Aviti. Ep. 24. « In ipso fomitis sui ortu peregrinantis igniculi frigescat incendium. De quo ne vel famæ fumus narem innocentis Galliæ aspergat. »

(2) S. Aviti. Ep. 65. « Putasses eulogias vestras tenaci corvorum rostro ad Eliæ pastum bajulis unguibus exhiberi. »

Avite qui écrit. Léonianus vient d'assister, des yeux, à un repas
somptueux où Sapaude a figuré en gourmet ; il compare aux
délices du vrai convive sa sobriété ecclésiastique et forcée :
« Je (1) suis rempli de légumes, dit-il, enflé de navets; je ne man-
« ge que des fruits de la terre ; et ceux de l'Océan ne sont pas
« pour moi ; j'ai peine à me rappeler, de bien loin, le goût des
« huîtres, d'heureuse mémoire. On m'apporte quelques gouttes
« d'un vin pâle, dans un très-petit vase, à moitié plein ; on se
« garde bien d'en dépasser la mesure et d'en augmenter la quan-
« tité régulière. »

Sans être attique, saint Avite, n'était pas ennemi de la plaisanterie, et d'une gaieté franche et sans pruderie. C'est souvent
un privilège de la vertu, de conserver une simplicité naïve. Quoiqu'il en soit, une de ces deux lettres, la première, révèle encore
des soucis élevés et fait allusion à Sigismond, à un entretien
qu'ont eu, avec lui, à Genève, Maxime et saint Avite, mais dont
celui-ci n'a pas entendu la fin.

L'amitié et la littérature, un badinage plaisant ne remplissent
pas seuls la correspondance privée du saint Avite, et n'intéressent pas autant que certaines épîtres où il se laisse voir tout entier, dans ses rapports avec sa famille. Apollinaire, qui va d'a-
bord nous occuper, était le fils de Sidoine Apollinaire, l'illustre
évêque de Clermont, le grand écrivain, qui avait défendu sa ville
épiscopale contre les Wisigoths. Chassé de son siége , puis
rappelé, il ne cessa d'être l'objet des soupçons du vainqueur. Son
fils Apollinaire, fut , lui-même, accusé de trahison par Alaric ,
mais reconnu innocent. C'est à cette occasion que saint Avite
adressa à ce jeune seigneur, son parent, deux lettres, dont l'une
surtout, mérite notre attention.

« Enveloppé dans ce nuage d'incertitudes, écrit l'évêque de

---

(1) S. Aviti. Ep. 77. « Impleor oleribus et inflor napis, abundo legumi-
» bus etc. »

« Vienne, suspendu dans une attente pleine de trouble, par une
« grâce inespérée de Dieu, j'ai enfin reçu votre lettre, expression
« de votre ancienne sérénité et de votre amitié à toute épreuve.
« J'y ai reconnu avec bonheur votre main, mais avec plus de
« bonheur encore le talent oratoire de votre père ; avec un bon-
« heur souverain la bienveillance héréditaire dans votre famille.
« Grâce à Dieu, vous êtes enfin de retour ! Vous m'écrivez que
« tout est en sûreté, et que vous continuez, comme autrefois,
« d'être environné de toute la faveur du seigneur Alaric, votre
« maître. Je crois même, pour ma part, que la faveur des per-
« sonnes de son rang, si elle ne se perd point sans danger, ne peut
« que grandir, si on la retrouve, après quelque bouleversement.
« Elles veulent, en effet, donner une espèce de satisfaction à l'in-
« nocence offensée, et choisissent, pour croire, le moment où elles
« ont vu par elle-mêmes. Elles se reposent volontiers sur notre
« *conscience*, mais à condition d'y apporter le contrôle de leur
« *science*. Toutefois, je l'affirme devant Dieu, si j'ai appris avec
« joie que vous êtes, ou plutôt que nous sommes en sûreté, le
« souvenir du passé m'arrache des larmes. Car comme dit votre
« poëte : « L'image d'un père me revient à l'esprit, » avec cette pen-
« sée que l'envie, malgré la différence de nos professions, étend
« pour ainsi dire, jusque sur nous, le sort de nos parents com-
« muns et nous suscite les mêmes traverses ; mais, grâce à Dieu, il
« nous reste aussi la consolation qu'ils ont eue : malgré tous les
« efforts de nos ennemis, malgré les attaques acharnées de l'en-
« vie qui aboyait, de toutes parts, autour de nous, notre famille
« s'est vue, bien des fois, accusée de crime, jamais convaincue.
« Si vous avez appris de votre père Arcadius, qu'un homme
« engagé dans la milice du siècle, court moins de danger, au
« milieu des camps que dans la société des détracteurs, je trouve,
« pour ma part, dans mon cher Sidoine, que je n'ose appeler
« mon père, un exemple frappant de ce que peut souffrir un
« clerc dans cette même société : Ainsi, Dieu veuille nous accor-
« der de ne pas mériter, à l'avenir, les reproches qu'on nous

« adresse, à tort, depuis si longtemps. » (1)

Cette lettre peint les barbares et jette un triste jour sur une
époque troublée. Elle nous apprend que les vainqueurs, comme
c'est l'habitude, soupçonnaient les vaincus, ceux-là surtout
qui leur avaient énergiquement résisté, et qui jouissaient dans le
pays d'une influence considérable. Les Avites et les Apollinaires,
leurs parents, qui étaient dans ce cas, se trouvèrent vis-à-vis de
leurs barbares et méfiants souverains, dans une position délicate,
et d'autant plus en butte à l'envie que les vainqueurs avaient tout
intérêt à se les attacher par les distinctions et les faveurs. Mais la
lettre de saint Avite nous prouve que si les soupçons s'éveillèrent
facilement et plus d'une fois, au sujet de deux illustres familles,
l'innocence des accusés finit toujours par se découvrir. Du reste,
l'indignation si naturellement exprimée de l'évêque de Vienne,
est des plus convaincantes. Peut-être avait-il été calomnié, lui-
même, comme son père, comme Apollinaire et l'illustre Sidoine !
La dernière phrase de son épître le laisse entrevoir ; l'épître toute
entière met à nu l'âme généreuse, la droiture et le patriotisme
de saint Avite. Il put bien désirer convertir les vainqueurs, mais
les trahir, jamais !

On ne connaît bien une âme, que si on l'a vue aux prises avec
la douleur. Il y a dans cette lettre le ressentiment d'une douleur
profonde ; cependant nous irons encore plus avant dans le cœur
de saint Avite, où son frère Apollinaire, occupe la première place,
avec Fuscine, et semble résumer, pour l'apôtre, tous les souvenirs
du passé. Quelle simplicité dans cette amitié fraternelle ! Un
jour, l'évêque de Vienne remercie Apollinaire des ornements

---

1) S. Aviti. Ep. 45. « Sub hujus ergo ambiguitatis nubilo confusa ex-
« pectatione pendentibus, litteras vestras, serenitatis pristinæ, pietatis expertæ,
« inopinanti mihi Deus obtulit. Recognovi illic, qua satis delectatus sum, manum ves-
« tram, qua plùs, paternam declamationem, qua maximè hæreditariam beni-
« gnitatem. Scripsistis igitur, Christo præstante, jam reduces, omnia tuta esse,
« circà que vos dignationem Domini regis Alarici illæsam et tenacem perma-
« nere. etc. »

qu'il lui a envoyés pour son (1) église. A son tour, l'évêque
de Valence punit saint Avite, qui s'est absenté d'une solen-
nité où il avait espéré le voir, (2) en lui envoyant quelques
nouveaux présents ; le coupable goûte fort ce genre de châtiment ; il y répond de la même manière. Ailleurs, il promet
à son frère de se rendre à une autre invitation, (il s'agit de
la dédicace d'une (3) église) malgré le nombre des étrangers qui y assisteront ; il le prie de ne point s'embarrasser
de la bonne chère. Une lettre est toute consacrée à la description d'un anneau qui doit servir de cachet à saint-Avite
et que son frère a dessein de lui offrir. Cette description, dans
l'original, joint au mérite de l'élégance littéraire l'avantage de
fournir un modèle curieux de l'art, à cette époque ; la voici :
(4) « Un anneau de fer, de moyenne grandeur, et formé de
« deux dauphins, qui se joindront l'un à l'autre, recevra le chaton
« du cachet. Ce chaton lui-même, sera double, de façon à pou-
« voir présenter, à volonté, au dehors, tantôt une pierre verte,
« tantôt une plaque d'or allié d'argent, au cinquième ; mais non
« pas pourtant de cet or, comme j'en ai reçu assez récemment,
« qui se noircissait au contact des mains les plus pures, et que
« l'on prendrait plutôt pour un grossier mélange non affiné ; telles

---

(1) S. Aviti. Ep. 79.

(2) S, Aviti. Ep. 63

(3) S. Aviti. Ep. 25.

(4) S. Aviti. Ep. 78. « Annulo ferreo et admodùm tenaci, velut concurrenti-
« bus in se delphinulis concludendo, sigilli duplicis forma geminis cardinulis
« inseratur. Quæ ut libuerit vicissim, seu latitabunda, seu publica, obtutibus
« intuentium alterna vernantis lapilli vel electri pallentis fronte mutetur.
« Nec quidem talis electri, quale nuper, ut egomet hausi, in sancto ac
« sincerissimo impollutæ manus nitore sordebat, cui corruptam potiùsquàm con-
« fectam, auri nondùm fornace decocti crediderim inesse mixturam : vel illam
« certè, quàm nuperrimè rex Getarum, secuturæ præsagam ruinæ, monetis pu-
« blicis adulterium firmantem mandaverat Sed sit ejusmodi color, quem æ-
« qualiter ac modestè, ruborem ab auro, ab argento candorem, pretiositatem ab
« utroque, à cæteris rapientem fulgorem, » etc. »

sont les monnaies altérées que le roi des Gètes a frappées der-
nièrement, présage certain de sa ruine prochaine. L'alliage que
je demande doit allier à la couleur de l'or, l'éclat brillant de l'argent ; il emprunte sa beauté au soin que l'ouvrier doit avoir, de
lui donner cette teinte verte qui charme le regard. Si vous me
demandez ce qui doit être gravé sur le sceau, je désire qu'on y
voie le chiffre de mes initiales, inscrit dans un cercle, autour
du quel on pourra lire, en légende, mon nom en toutes lettres :
à l'autre extrémité de l'anneau, du côté qui regarde le de-
dans de la main, se trouveront les queues des dauphins ;
elles serviront à faire ressortir la pierre choisie exprès, d'une
forme oblongue et taillée à facettes. »

Cette lettre est d'un artiste ; elle est d'un frère qui n'a
pas à craindre d'abuser de son frère et de sa patiente bonté.
Mais l'épître qui peint le mieux, combien le sentiment de la
famille était profond dans ces deux cœurs, est adressée par
saint Avite, à Apollinaire, au sujet d'un songe. « La nuit
« de l'anniversaire de la mort de notre sœur, écrit l'évêque de
« Valence, j'ai senti, entre (1) mes mains, quelque chose qui
« m'embarrassait, et qui ensuite, s'étant posé près de moi,
« me sembla être une colombe de couleur rouge et extraordi-
« naire, qui me tirait à mon réveil ; je me souvins que je
« n'avais pas fait l'anniversaire de ma sœur, et je pris ce songe
« pour un avertissement qu'elle me donnait de lui rendre ce
« devoir. » Et saint Avite répond à son frère : (2) « La faute
« que vous avez commise est très pardonnable ; vous avez, je
« l'avoue, manqué à la coutume ; mais par un redoublement

---

(1) S. Aviti Ep. 11. « Nam in ipsa sancta nocte, in visione nescio quid ma-
« nibus meis hæserat, quod consedens juxtà me fulgentissima, sed inusitato co-
« lore rúbra columba vellebat. Cum que expergefactus, quotidianum quidem ma-
« nuum horrorem recognoscerem... repentè quasi stimulo percussus, illicò sum
« reliquati fenoris recordatus. »

(2) S. Aviti. Ep. 12. « Excessisti, fateor, consuetudinem : sed pietatis argu-
« mento semper diei hujus meminisse dignamini .. omnis mentem meam subiit ne-
« cessitudinis recordatio præmissarum quibus, per visitationem vestram, honorem
« dependere nos admonitos intellexi... »

de piété, souvenez-vous, à l'avenir, du jour anniversaire de votre sœur ; ce songe est un avertissement que Jésus-Christ vous a donné de faire ce qu'il ne vous était pas permis d'oublier. »

Ces deux lettres ne sont-elles pas l'expression touchante de la piété naïve des deux frères et de leur mutuelle confiance ? L'amitié chrétienne qui les unit, les souvenirs doux et tristes qui les préoccupent, leurs scrupules religieux, leur esprit de famille font songer à Audentia qui n'a laissé d'elle aucun souvenir que dans ses enfants. Leur vie ne fait-elle pas deviner la sienne ?

Qu'il nous soit permis de dire, en finissant ce chapitre, que la vie d'un homme illustre, dans son intérieur, repose l'esprit et même le rassure. Si le personnage est égal à lui-même, dans l'intimité, et ne dément pas le rôle qu'il joue publiquement ; s'il a, chez lui, ou dans le secret de sa correspondance, les qualités qu'il étale sur la scène du monde, personne n'est tenté de le prendre pour un imposteur. Or, saint Avite, dans les différentes lettres qui le représentent au sein de la vie privée, n'est ni moins apostolique, ni moins charitable, ni moins sincère que dans sa vie d'évêque ; il est de plus ouvert, familier, même animé d'une douce gaieté. Ce qui achève de le peindre, ce sont ses deux lettres à Apollinaire ; il y met à nu les douleurs patriotiques de deux familles illustres et la sienne propre. J'ai cru ne pas devoir négliger les traits principaux de sa correspondance avec son frère, quelqu'indignes qu'ils paraissent de l'histoire, au premier coup d'œil. S'ils n'ajoutent rien au tableau de l'époque, ils sont nécessaires au portrait exact de saint Avite ; nous n'aimerions pas qu'un peintre, négligeât sur une figure grave, les traits délicats qui l'adoucisent et lui donnent son expression complète et véritable.

Il nous faut maintenant, avant de juger le poète, l'orateur et le théologien, sortir des Gaules où nous avons épuisé le rôle de l'évêque, pour le suivre, en étudiant ses lettres, à Rome, à Constantinople, à Jérusalem. Il a été l'émule de saint Remi, en Bourgogne; sa mission est-elle aussi grande en Italie et dans l'Orient ?

CHAPITRE SEPTIÈME.

Saint Avite et les papes. -- Anastase, Symmaque, Hormisdas, — Doctrine de saint Avite sur le gouvernement de l'Eglise. — Lettres aux patriarches de Constantinople et de Jérusalem.

Saint Avite fut en rapport, comme évêque, avec trois papes, Anastase, Symmaque, Hormisdas. Le premier, avait agrandi en faveur de l'évêque de Vienne, les frontières de son diocèse, aux dépens du diocèse d'Arles. Symmaque élu pape en 598, rétablit les anciennes limites, et se prononça en faveur de l'évêque d'Arles ; c'est ce même pape que saint Avite deux fois condamné, malgré ses réclamations, défendit dans les circonstances suivantes :

Symmaque avait été élu pape, à Rome, en 498. Les factieux, c'est-à-dire les schismatiques lui opposèrent l'anti-pape Laurent ; de là naquirent des luttes journalières , accompagnées de meurtres ; enfin, dans un synode tenu à Rome, en l'an 501, avec l'appui et l'autorité du roi Théodoric, Laurent fut condamné. Dans un autre synode, dit de la Palme, Symmaque enlacé (1), de plus en plus, par les calomnies de ses adversaires et renonçant, de lui même, à ses droits, se soumit au juge-

---

(1) Les ennemis de Symmaque l'accusaient de meurtre, d'adultère etc,

ment des évêques, ses collègues, en Italie, pour faire éclater
au jour son innocence. Mais les évêques qui exerçaient leur
ministère, dans toute l'étendue des Gaules, sous divers souverains, pensèrent que c'était un tort grave d'avoir osé juger
le pape Symmaque ; persuadés que saint Avite était le plus
capable d'entr'eux, ils le choisirent, pour reprocher, en leur
nom, aux évêques d'Italie, leur conduite dans cette circonstance.
La lettre de saint Avite, ne prouve pas seulement la grande
autorité dont il jouissait dans les Gaules, et même audelà ;
elle expose la doctrine de l'évêque de Vienne et de ses collègues, (les pasteurs de nos pères, il y a bientôt treize siècles,)
sur le gouvernement de l'église ; elle est aussi un des beaux
monuments de l'église Gallicane. C'est à deux sénateurs,
Symmaque, ami de Théodoric, beau père de Boëce, et Faustus personnage consulaire, un défenseur du pape accusé, que
saint Avite adresse sa lettre, en les invitant à la communi-
quer aux prélats Italiens.

Saint-Avite regrette d'abord le temps où les évêques des
Gaules allaient librement à Rome, dans la ville vénérée de
l'Univers, (1) pour les affaires spirituelles et temporelles. Si
la diversité des royaumes n'était pas un obstacle à la convocation d'un concile de toute la nation, il eût envoyé à Faustus
et à Symmaque une relation commune, contenant le sentiment de tous les évêques des Gaules assemblées ; cependant
il les prie de ne pas regarder sa lettre comme la lettre particulière d'un évêque ; il n'écrit, en effet, que par ordre de
tous ses frères, les évêques des Gaules, qui l'ont chargé d'exprimer leurs convictions communes. Il continue : « Nous
« étions dans l'angoisse au sujet de l'Eglise Romaine ; car nous
« nous sentions ébranlés par les coups portés à notre chef... Nous
« étions dans cette incertitude pénible, lorsque nous avons reçu
« de l'Italie, le décret porté par les évêques Italiens assemblés

---

(1) S. Aviti. Ep. 4. « Urbem orbi venerabilem. »

« à Rome, au sujet du pape Symmaque. Quoiqu'un nom-
« breux concile rende ce décret respectable, nous comprenons
« cependant, que le saint pape Symmaque, s'il a été accusé d'a-
« bord devant le siècle, aurait dû trouver dans ses collègues
« des consolateurs plutôt que des juges. Car si l'arbitre du ciel
« nous ordonne d'être soumis aux puissances de la terre, en
« nous disant que nous comparaîtrons devant les rois et les
« princes pour toutes sortes d'accusations, il n'est pas facile de
« concevoir d'après quel principe, ni en vertu de quel droit, le
« supérieur est jugé par l'inférieur. En effet, si l'apôtre déclare
« solennellement, qu'on ne doit point recevoir, sans réflexion,
« une accusation contre un simple prêtre, comment croire qu'il
« soit permis d'accuser le chef de l'Eglise Universelle; c'est à quoi fit
« attention le vénérable synode lui-même, dans son louable décret ;
« car cette cause, dont il avait entrepris l'examen (disons-le sans
« l'offenser) avec quelque témérité, il a préféré la renvoyer au juge-
« ment de Dieu ; toutefois les pères de ce concile attestent
« en peu de mots, que ni eux ni le roi très glorieux Théodoric
« n'avaient découvert aucune preuve des crimes dont le pape
« était accusé. Instruits de ces faits, je vous en conjure en
« qualité de sénateur Romain et d'évêque Chrétien, ne veillez
« pas avec moins de zèle au bonheur de l'Eglise qu'à celui de
« l'Etat; tâchez de faire servir aussi à votre bien le pouvoir
« que Dieu vous a confié, et de ne pas moins aimer dans l'é-
« glise le siége de Pierre, que dans votre cité la capitale du
« monde. Si vous considérez cette affaire avec la profonde sa-
« gesse qui distingue votre administration, votre attention ne se
« bornera pas à la cause de l'Eglise de Rome. En effet, quand
« il arrive aux autres prêtres de commettre un acte répréhensible,
« on peut le réformer ; mais si l'autorité du pape de Rome est
« mise en doute, ce n'est plus un évêque, c'est l'épiscopat qui
« semble chanceler. Vous n'ignorez point parmi quelles tem-
« pêtes, excitées par le souffle impétueux des hérésies, nous
« conduisons le vaisseau de la foi. Si vous redoutez, avec nous,
« ces dangers, il faut qu'en partageant nos travaux, vous sou-
« teniez votre pilote. Voyez comment sont punis les matelots

« qui se mutinent contre leur chef : ne sont-ils pas en danger
« de mort, si l'on ne peut maîtriser la tourmente ? Celuiqui est
« à la tête du troupeau du Seigneur, répondra de la manière
« dont il aura conduit les brebis soumises à sa garde ; mais ce
« n'est pas au troupeau à demander des comptes à son pasteur ;
« c'est au juge. Rendez-nous donc la concorde avec le chef. si
« toutefois, elle n'est pas encore rétablie. » (1)

Ainsi, dans l'opinion de saint Avite et des évêques de la
Gaule, dont il n'est que l'interprète, il n'est pas permis d'accuser le chef de l'Eglise Universelle ; si l'autorité du pape de
Rome est mise en question, c'est l'épiscopat qui semble chanceler ; Rome est la ville vénérée de l'univers, le pape est le
pilote qui dirige le vaisseau de l'Eglise : c'est encore lui qui est

---

(1) S. Aviti. Ep. 31. « Dùm de causa Romanæ Ecclesiæ auxianimi ac trepidi
« essemus, utpotè nutare statum nostrum in lacessito vertice sentientes...perlata
« est sollicitudini nostræ ab Italia in exemplaribus sacerdotalis forma decreti,
« quam de papa Symmacho apud Urbem collecti Italiæ antistites ediderunt.
« Quam constitutionem licet observabilem numerosi reverendi que concilii reddat
« assensus, intelligimus tamen, sanctum Symmachum papám, si sæculo primùm fue-
« rat accusatus, consacerdotum suorum solatium potiùs asciscere quàm recipere
« debuisse judicium. Quia sicut subditos non esse terrenis potestatibus jubet ar-
« biter cœli, staturos nos ante reges et principes in quacunque accusatione præ-
« dicens ; ità non facilè datur intelligi, qua vel ratione vel lege ab inferioribus
« eminentior judicetur. Nùm cum celebri præcepto Apostolus clamet accusationem
« vel in præsbyterum recipi non debere, quid in præcipuum generalis Ecclesiæ cri-
« minationibus licere censendum est ? Quod Synodus ipsa venerabilis laudabili
« constitutioue prospiciens, causam quam (quod salva ejus reverentia dictum sit)
« penè temeré susceperat inquirendam, divino potiùs servavit examini: perstrin-
« gens tamen, prout breviter potuit, nihil vel sibi vel gloriosissimio viro Theodo-
« rico regi de his quæ papæ dicebantur objecta patuisse. Quibus cognitis, quasi
« senator ipse Romanus, quasi Christianus Episcopus obtestor sic... prosperitas
« optata succedat,.. ut in conspectu vestro non sit Ecclesiæ minor quam Reipu-
« blicæ status,.. nec minùs diligatis in Ecclesia vestra sedem Petri quàm in ci-
« vitate apicem mundi... In cæteris sacerdotibus potest si quid fortè... refor-
« mari; at si papa urbis vocatur in dubium, Episcopatus jam videbitur, non
« Episcopus, vacillare. »

le maître du troupeau, et ce n'est pas au troupeau qu'il appartient de demander des comptes à son pasteur; le pape n'a qu'un juge, Dieu. C'est si vrai, non seulement dans l'opinion des évêques Gaulois, mais aussi dans celle des évêques Italiens, que le synode auquel Symmaque a remis le soin d'examiner sa cause, préfère la renvoyer au jugement de Dieu (1).

Symmaque mourut en 514. C'est à lui que Sigismond, déjà roi de Genève, sous l'inspiration et la dictée de saint Avite, adressait une lettre, où il le nommait chef de l'Universelle Eglise. A Symmaque succéda, sur le siége de Rome, Hormisdas, et c'est à l'évêque de Vienne, élu par ses collègues comme leur plus digne représentant, et chargé de blâmer les évêques Italiens, que le nouveau pape écrivit, à son tour, l'entretenant des questions les plus graves, des ambassades qu'il envoyait à Constantinople et de ses efforts plus ou moins heureux pour ramener les Grecs à l'unité.

L'église d'Orient était alors troublée par les sectateurs du schismatique Acace, excommunié en 464. Hormisdas, qui désirait la paix et l'union, avait envoyé des légats en Orient, et il était parvenu à détacher du schisme, les évêques de Dardanie, d'Illyrie et de Thrace. Saint Avite apprit donc du pape lui-même les heureuses dispositions des prélats ramenés à l'unité et l'intention où il était d'envoyer de nouveaux légats en Orient. L'évêque de Vienne, députa à Rome, quelque temps après, le prêtre Alexis et le diacre Vénantius, pour connaître les suites de cette deuxième ambassade. Dans la crainte que les envoyés ne pussent arriver à Rome, il chargea d'autres clercs d'aller à Ravenne, demander à l'évêque Pierre les renseignements qu'il désirait. Ce prélat, avait assisté et souscrit au concile de la Palme. Saint Avite le pria, de lui faire savoir, d'une manière

---

(1) Dupin, Bibliothèque sacrée. P. 17. T. 4, à propos de cette lettre, prétend : « qu'Avitus ne faisait pas assez réflexion à ce qu'il disait. »

détaillée, le succès de la légation en Orient, et de venir en
aide à l'ignorance des Gaulois, mais en rendant au siége épiscopal de Rome l'hommage (1) qui lui est dû, avant tout. C'est
dans cette épître que l'évêque de Vienne donne, pour la première fois, au pape, le titre de Saint-Père. (2)

Une lettre de saint Avite, à Sénarius, patricien, ministre du
roi Théodoric, est écrite dans le même but que la précédente,
empreinte du même respect pour le Pontife Romain ; elle affirme
que les lois des conciles indiquent aux évêques (3), lorsqu'il
s'élève un doute dans les choses qui concernent l'état de l'E-
glise, d'avoir recours au très-grand évêque de l'Eglise Romaine,
comme des membres à leur tête ; « c'est pour cette raison, ajoute-
« t-il, qu'il a écrit lui-même, du consentement de ses collégues
« de la province de Vienne, au pape, afin de savoir le succès de
« la légation, en Orient. » Voici la lettre adressée à Hormisdas :

« Malgré les nombreux travaux que vous ont inspiré votre
« zèle Apostolique, pour soutenir la religion et les règles de la foi
« catholique, pour diriger le troupeau qui vous est confié, c'est-à-
« dire, tous les membres de l'Eglise Universelle, vous avez dai-
« gné penser à la province de Vienne, et la visiter, l'année der-
« nière, par vos lettres élevées et remplies d'une sollicitude

---

(1) S. Aviti Ep. 37. « Cujus (sedis Romanæ) reverentiæ, ut debitum est,
« salutatione præmissa, fateor apostolatui vestro... »

(2) S. Aviti, Ep. 37. — Pierre avait souscrit en ces termes, au synode de la
« Palme : « Petrus Ep. Eccl. Rav. huic statuto nostro, in quo totam causam
« Dei judicio commissimus, subscripsi, » (Sirmond N. B.)

(3) S. Aviti. Ep. 36. « Et quia scitis synodalium legum esse, ut in rebus
« quæ ad Ecclesiæ statum pertinent, si quid fuerit dubitationis exortum, ad
« Romanæ Ecclesiæ maximum sacerdotem, quasi ad caput nostrum membra se-
« quentia recurramus ; ex consensu antistitum Provinciæ Viennensis ad sanctum
« Hormisdam, seu quicunque nunc ille est, papam debitæ venerationis obsequium
« cum sollicitudine destinavi : audire à præfatæ sedis auctoritate desiderans, quid
« de effectu directæ à se ad Orientem legationis agnoverit. »

« vraiment pastorale. Elles m'ont été remises par les clercs de
« l'église d'Arles, et nous avons tous été comblés de joie, en
« apprenant le retour des provinces de Dardanie, d'Illyrie et de
« Scythie à la communion de l'Eglise. Vous nous y avez donné
« aussi des instructions salutaires sur les précautions que nous
« avions à prendre vis-à-vis des Grecs, dont la perfidie aurait
« pu en imposer à notre ignorance... Nous apprenons, en effet,
« de plusieurs personnes dignes de foi, que les Grecs se *van-*
« *tent* d'être parfaitement réconciliés avec l'Eglise Romaine ; mais
« nous devons nous défier de leur peu de franchise et garder
« notre joie pour le temps où cette réconciliation sera *incontes-*
« *table.* Eclairez-moi sur ce point, afin que je puisse moi-même,
« éclairer les Gaulois, vos fils et mes frères, qui pourraient me
« consulter. Je n'exagère pas, en vous disant, que, non-seule-
« ment dans la province de Vienne, mais dans toutes les Gaules,
« on s'en tiendra à vos instructions sur l'état de la foi, en Orient.
« Priez pour nous, afin que nous ne soyons jamais trompés par
« des professions de foi fallacieuses, afin que toujours en pos-
« session de la vérité, nous persévérions dans l'unité confiée à
« votre direction. (1) »

(1) S. Aviti. Ep. 87. « Dùm religionis statui et plenis catholicæ fidei regulis
« perspicitur convenire, ut gregem per tota vobis Universalis Ecclesiæ membra
« commissum pervigil cura vestræ adhortationis informet ; Viennensem Provin-
« ciam superiore anno, si meminisse dignamini, datis ad humilitatem meam lit-
« teris visitastis, quæque ad me, secundùm quod opportunitas oblata contule-
« rat, per Arelatensis Ecclesiæ clericos pervenerunt, et quidem plenissimæ solli-
« citudine pastorali. In quibus nos, sicut per conversionem Provinciarum, id
« est, Dardaniæ, Illyrici vel Scythiæ, ad communionem gaudiorum provocatis,
« sic admonitione cautissima quid nos per ignorantiam prævenire possit, instrui-
« tis... His adjicitur quod diversorum fida relatione comperimus, de reconciliatione
« vel concordia Ecclesiæ Romanæ *jactitare se Græciam* ; quod sicut amplecten-
« dum, si veraciter dicitur, ità *metuendum* est nè *callidè simuletur.* Quæsumus
« ergò servitio meo cuncti, ut, quid filiis vestris.., si consular, respondere debeam
« instruatis:.. orate ut sic nos perditorum professio fucata non fallat, sicut ab
« *unitate* quam *regitis veritas comperta non separat.* Accepta. 3. Kalendas Fe-
« bruarii, Agapito consule, per Aléxium presbyterum et Venantium diaconum,
« anno 517. — Sormond N. B. »

A cette lettre qui affirme d'une manière si énergique et si précise les sentiments des évêques de la province de Vienne, et la doctrine de saint Avite, au sujet du Saint-Siége, en même temps qu'elle jette un triste jour sur la subtilité des Grecs et sur leur fourberie, Hormisdas répondit par une épître, dont voici les principaux passages :

« Celui qui, malgré sa science, désire toujours des instructions « nouvelles sur la discipline catholique, montre par là, combien « il a de zèle pour les préceptes divins... Nous nous sommes ré-« jouis dans le Seigneur, en voyant, dans la lettre que vous nous « avez envoyée par le prêtre Alexis et le diacre Vénantius, com-« bien vous êtes attaché aux constitutions du Siége Apostolique « qui ont condamné les impies Nestorius et Eutychès, et combien « vous mettez d'intérêt à savoir si nos démarches ont produit « quelque résultat contre les héritiques qui troublent les Eglises « Orientales. »

Après avoir dit à saint Avite que ses démarches n'ont eu que de médiocres effets, Hormisdas ajoute, en parlant des Grecs : « Nous avons cru utile de leur envoyer de nouveaux lé-« gats. (1) Si la pensée du salut, l'amour de Dieu et la raison ne « peuvent rien sur eux, peut-être céderont-ils enfin à nos impor-« tunités. Au moins ne trouveront-ils plus d'excuses, si, après « tant de sollicitations, ils restent encore obstinés dans l'er-« reur. » (2)

Cette lettre, qui affirme les droits du Saint-Siége Apostolique fut

---

(1) Croyant que deux ambassades avaient été envoyées à Constantinople, saint Avite, dans sa lettre au pape Hormisdas, demandait encore quelles avaient été les suites de la seconde ambassade, persuadé qu'elle était de retour, quand elle n'était pas même partie.

(2) Hormidas Avito Episcopo vel universis Episcopis Provinciæ Viennensis, sub tua diœcesi consistentibus.

« Qui de his quæ ad disciplinam catholicam pertinent maximè sciens, instrui « cupit, quid studii. ... »

suivie d'une deuxième ambassade, à Constantinople, comme Hormisdas l'avait annoncé. Le pape écrivait à la fois, à l'Empereur Anastase et au patriarche Timothée. Dans son épître au premier de ces deux personnages, il faisait allusion aux vœux de la Gaule, en faveur de l'unité, et à l'ambassade que lui avait envoyée saint Avite. (3) L'empereur, après avoir vainement essayé de corrompre les envoyés du pape, Enodius, évêque de Pavie, et Pérégrinus, évêque de Marseille, les fit monter sur un frêle navire, sans leur permettre d'aborder à aucune ville, comme l'atteste le pape Hormisdas, dans une lettre. L'année suivante, la face de l'église d'Orient changea : Anastase mort, Justin prit la pourpre (518) ; Jean de Cappadoce devint patriarche. Une troisième ambassade rétablit la paix de l'Eglise. C'est alors que saint Avite écrivit la lettre suivante à Jean de Cappadoce, pour le féliciter : « Le « sombre et menaçant nuage qui inquiétait les peuples d'Orient « est entièrement dissipé, et le calme et la paix sont rétablis. En- « tre vous et l'Eglise de Rome existe maintenant cette harmonie « dont il convient que les princes des apôtres donnent le specta- « cle au monde. Qui donc peut se dire même catholique, s'il ne « se réjouit de la paix avec les Eglises si grandes et si nobles, « que le monde entier considère attentivement, comme deux as- « tres formant dans le ciel le signe de la religion. N'est-ce pas « avec raison que chacun est charmé de la guérison des brebis « malades, et de la santé de celles qui se portent bien ? L'indiffé- « rence est-elle possible, quand on ramène avec des applaudis- « sements de joie, auprès des brebis restées sous le toit du cé- « leste bercail, celle qu'avait entraînée l'égarement d'une volonté « vicieuse. Veillez donc, comme des pères, au maintien de la « discipline de l'Eglise qui vous a été confiée et vous place même « au-dessus de nous. Votre concorde est un exemple nécessaire,

---

(3) « Pendent anxia corda cunctorum ; ab ultimis ad nos Galliis directa lega- « tio, si quid de unitate redintegrationis sollicitudo nostra promovisset forma secuta « consuluit. (S. Aviti Ep. 87. N. A. Sirmond).

« et sans elle nous ne pouvons enseigner les peuples. Comment
« leur persuaderons-nous la charité, si nous ne la trouvons dans
« nos guides ? Quelle fermeté peut-il y avoir dans un corps qui
« chancelle ? Adressez donc, à ceux à qui ils reviennent, de bienveil-
« lants éloges, afin que personne ne s'obstine à se perdre. Veil-
« lez à ce que les constellations, qui attirent nos regards, ne
« soient point dévastées par cette bête cruelle de la discorde, si
« Rome s'éloignait un jour de l'unité de votre sentiment. Mais
« souvenez-vous de nous ; car, si le soleil se couchait sur votre
« dissension, *c'est un malheur pour l'Orient !* Et faites-nous
« connaître d'une manière certaine la très-heureuse nouvelle
« dont j'ai parlé plus haut. » (1)

En écartant de cette lettre les images dont elle est chargée, il
reste cette phrase qui résume l'épître et la doctrine de saint
Avite : « Si le soleil se couche sur votre discorde : « *c'est un
« malheur pour l'Orient ;* » ou, c'est à l'Orient de se soumettre.
Du reste, les événements donnaient raison à la doctrine de l'évêque
des Gaules ; l'empereur Justin et le patriarche Jean de Cappadoce,
au nom de l'Eglise de Constantinople, venaient de rendre hommage
à la prééminence du pape et du Siége Apostolique. La persistance
d'Hormisdas, sa douceur avaient, un moment, vaincu l'hérésie; le
nom d'Acace avait été retranché des dyptiques, et l'Orient avait reconnu l'autorité du concile de Chalcédoine. Voici, encore, la

---

S. Aviti. Ep. 7. « Quis enim, qui vel catholicus dici potest, de tantarum ac ta-
lium Ecclesiarum pace non gaudeat, quas velut in cælo positum religionis si-
gnum pro gemino sidere mundus exspectat ? Quis non meritò delectetur infir-
mantium reditu, incolumium statu, cùm, aliis ovibus intrà claustra salvatis,
illa quæ vitio errantis arbitrii fuerat evagata, cœlestibus caulis lætitia plau-
dente revocetur ? Custodite igitur, quasi patres, traditam vobis etiàm super
nos ecclesiæ disciplinam. Concordiæ vestræ tantùm opus est magisterio, quantùm et exemplo. — Quam caritatem populis suadebimus, si hanc in nostris
rectoribus nesciamus ?. - Prospicite nè speculata signa tàm fera bestia popu-
letur, si ab unitate sensus vestri Roma dissultet. Memores verò nostri,
quia si super dissensionem vestram sol occidat, *damnum Orientis est...* »

lettre qu'écrivait ou venait d'écrire au pape Hormisdas le patriarche Jean, quand il reçut l'épître de l'évêque de Vienne. Elle est
le commentaire de celle de saint Avite.

« On ne peut laisser de côté la maxime de J.-C.,qui dit : « Tu es
« Pierre et sur cette pierre je bâtirai mon Eglise. Les évènements
« ont confirmé cette parole, puisque toujours la religion est inviola-
« blement conservée sur le Siége Apostolique, et je prêche tout
« ce qu'il a décrété, et par là, j'espère être avec vous dans une
« même communion, celle qu'admet le Siége Apostolique, et dans
« laquelle se trouve l'intégre et parfaite solidité de la religion
« chrétienne. Je promets, qu'à l'avenir, ceux qui seront séparés
« de la communion de l'Eglise Apostolique, c'est-à-dire, qui ne
« s'accorderont pas avec le Siége Apostolique, ne seront pas nom-
« més dans les sacrés mystères; que si jamais j'essayais de chan-
« celer dans ce que je viens de professer, je me déclare, par ma
« propre condamnation, digne du sort de ceux que je viens de
« condamner. » (1)

Ainsi se trouva rétablie, de fait, et d'après les paroles de Jésus-
Christ lui-même, la prééminence du Siége Apostolique de Rome sur
l'Eglise Universelle. La subtilité et la perfidie des Grecs ne per-
mirent pas à l'Unité de persévérer lonptemps et détruisirent
l'œuvre à laquelle saint Avite prit part, au nom de tous les évêques des Gaules.

Une lettre de l'évêque de Vienne, adressée au pape de Jérusalem, (2) le met-elle en contradiction avec sa propre doctrine ?
Il le remercie, en ces termes, du présent qu'il lui a fait, sur sa
demande, (3) d'une parcelle de la vraie croix : « Votre Apostolat
« exerce une suprématie que la divinité même lui a octroyée ;
« et il s'efforce de montrer, non seulement pas ses privilèges, mais

---

(1) Labbe Concilia. (Inter Epistolas Hormisdæ papæ, juxtà 40.)
(2) S. Aviti Ep. 2. « On ne sait si la lettre est adressée à Elie ou à Jean. »
(3) Sur la demande et peut-être par l'intercession du pape Symmaque, (Sirmond.
S. Aviti. Ep. 18. N. D.).

« aussi par ses mérites, qu'il occupe le *lieu principal* (1), dans
« l'Eglise Universelle. » Si l'on pèse bien les termes de cette lettre,
« *la Suprématie octroyée par le ciel, le lieu Principal,* » si-
gnifient simplement que Jérusalem est un lieu privilégié, celui ou
Jésus-Christ est mort, où la religion a pris naissance. C'est là
qu'elle eut son *principe* ; c'est de là que sont sorties toutes les
Eglises. Un grand honneur, une véritable suprématie est attachée
au sol témoin de la passion ; mais c'est une suprématie d'honneur
et non de juridiction.

Saint Avite n'a donc pas eu l'intention de faire du patriarche
de Jérusalem un égal du pontife Romain. Du reste sa vie et ses
œuvres ne sont qu'un long témoignage de sa soumission au chef
de l'église Universelle. Pour lui, le pape c'est Pierre, (2) « le guide
« des apôtres, le prince des princes. » C'est à Rome qu'il envoie deux
prêtres, pour apprendre si Constantinople rentre dans l'unité ;
c'est du *saint Père* (3) qu'il veut le savoir, et cette doctrine est
celle de l'Eglise réunie dans ses conciles. Une lettre du concile
de Chalcédoine, (4) demande, sur un fait, l'approbation du pape
refusée par ses légats ; et l'évêque de Jérusalem, Elie, signe
l'un des premiers, à Ephèse, l'hommage que ce concile général
adressait à la papauté. Saint Avite ne faisait que suivre la doctrine
de son temps.

---

(1) S. Aviti. Ep. 23. « Exercet apostolatus vester concessos à divinitate pri-
» matus, et quòd *princip en locum* in Universali Ecclesia teneat, non privilegiis
» solùm studet monstrare sed meritis. »

(2) Fragment 1. — Homélies. — « Petrus Apostolorum Caput, id est, Princi-
» pum Princeps. »

(3) S. Aviti. Ep. 37. — « Et ideò, nè fortè quàm rustici tàm negligentes cre-
» damur, perindè *sanctum papam* et beatitudinem vestram... Provincia tota nunc
» consulit, ut quæ vobis de statu fidei cùm Orientis parte definita sint, rescripti
» salabris lumine declaretis. »

(4) Labbe. — Concile de Chalcédoine. — Le Conc. de Constantinople disait : « Que l'évêque de Constantinople ait la primauté d'honneur, après l'évêque
« de Rome. »

Avant d'étudier l'écrivain, le théologien, l'orateur, le poète dans saint Avite, il nous faut déterminer l'époque de sa mort. Quelques auteurs la placent en 518, mais à tort ; car l'évêque de Vienne survécut à l'empereur Anastase. En 517, il avait écrit à Hormisdas, sur le bruit d'une réconciliation, afin de savoir la vérité, et de ne se réjouir qu'à temps opportun. Il n'est pas probable que saint Avite, après la réponse du pape toujours impuissant contre le schisme et la subtilité des Grecs, ait pu, comme il semble qu'on l'ait imaginé, sortir de sa prudence ordinaire et croire à la réunion, avant qu'elle ait eut lieu. La lettre que nous avons de lui, et qui félicite le patriarche de Constantinople, ne peut donc avoir été adressée qu'à Jean de Cappadoce, en 519. Du reste, en 522, (1) l'évêque de Vienne prononça deux homélies, à quelques jours de distance, l'une à Namasse, l'autre au monastère d'Agaune, où l'on inaugurait la psalmodie perpétuelle, après le meurtre de Sigéric. Enfin Adon, dans sa chronique, nous aprend que saint Avite pleura amèrement Sigismond mort en 524, au printemps. En supposant que l'évêque de Vienne, dont on ne parle plus, ait survécu de quelques mois à son disciple, nous pouvons, avec vraisemblance, placer sa mort en 525. C'est l'opinion des Bollandistes. (2)

L'Eglise l'honore en ces termes : « A Vienne, naissance de saint « Avite, évêque et confesseur, dont la foi, l'activité et l'admi- « rable doctrine préservèrent les Gaules de l'hérésie Arienne. » Il fut enterré, du côté gauche de l'église des Apôtres, en tête du mur

---

(1) Nous lisons encore dans Albert Rilliet.—Conjectures historiques sur les homélies prêchées par Avitus etc. « L'an 522, Avitus est donc venu à Genève, pendant « l'épiscopat de Maxime et il a présidé à la consécration d'une basilique élevée « par les soins de l'évêque Génevois : « In dedicatione basilicæ quam Maximus « Episcopus condidit. » Saint Avite vivait donc en 522.

(2) Ch. Binding.— (Monarchie Burgonde-Romaine) fait mourir saint Avite en 525 ou 526, au plus tôt. P. 260,

le plus long. (1) Il avait occupé environ 35 ans son siége épiscopal. Il était âgé de soixante-quinze ans, au moins, lorsque Dieu
mit fin à ses longs et glorieux travaux. Un auteur inconnu lui a
tracé, en vers, une Epitaphe qui n'est pas indigne de sa vie.:

EPITAPHIUM B. AVITI EPISCOPI VIENNENSIS.

« Quisquis mœstificum tumuli dùm cernis honorem
« Cespite concludi totum deflebis Avitum,
« Exue sollicitas tristi de pectore curas.
« Nàm quem plenas fides, celsæ quem gloria mentis,
« Quem pietas, quem larga manus, quem fama perennat,
« Nil socium cùm morte tenet. Quin prospice sancti
« Gesta viri: primùm florescens indole quantà
« Spreverit antiquo dimissos stemmate fasces,
« Maturum teneris animum dùm præstat in annis,
« Et licitum mundi, voti virtute relegat.
« Nec mora : pontificis sic digna insignia sumit,
« Augeat ut soliti felicia cœpta laboris.
« Nec tamen ob summi culmen tumefactus honoris
« Erigitur, seque ipse aliis plus æstimat, imo
« Subjicitur magnus, servat mediocria summus.
« Distribuit parcus, pascit jejunus, amando
« Terret, et austeris indulgentissima miscet.
« Cunctantes suasu juvit, solamine mœstos,
« Jurgia dissolvit, certantes fœdere junxit.
« Dissona veridicam inficiunt quæ dogmata legem,
« Hortatu, ingenio, monitis, meritis que subegit.
« Unus in arce fuit, cui quolibet ordine fandi
« Orator nullus similis, nullus que poeta.
« Clamant quod sparsi per crebra volumina libri.
« Qui vixit, vivit, per que omnia sæcula vivet. (2)

(1) S. Aviti vita. — 6 février... (Acta sanctorum) Auctore anonymo, ex
M. S. S. Viennensi et Budecensi.
(2) Apud Duchesnium. T. 1. P. 544. — Prompta.

CHAPITRE HUITIEME.

Coup d'œil rapide sur l'état des lettres au cinquième siècle. — Saint Avite écrivain et théologien.

Avant d'apprécier l'écrivain dans saint Avite, examinons brièvement l'état des lettres au cinquième siècle : « L'irruption des « Barbares, dit l'histoire littéraire de la France, (1) causa la « ruine entière de l'Empire, entraîna avec elle l'émulation que « l'on avait à cultiver les sciences; ce défaut d'émulation causa « la négligence et le mépris pour les lettres ; cette négligence et « ce mépris conduisirent à l'oisiveté et à la paresse ; l'oisiveté et « la paresse jetèrent dans l'ignorance. »

Cette ignorance était si grande, que Saint Avite affirme dans une lettre à son frère Apollinaire, « qu'il va renoncer à la « poésie, inintelligible pour le grand nombre. » (2)

Les lettres semblent, en effet, n'avoir été, au cinquième et au sixième siècle, qu'une agréable distraction pour les esprits d'élite, pour les grands seigneurs (3) Gallo-Romains, une consolation dans leur abaissement. L'Eglise voyait les choses de plus haut ; elle esssayait d'appliquer les lettres au

---

(1) Histoire littéraire de la France. T. 3. — Introduction; n° 41.
(2) Præfatio in librum sextum sancti Aviti : « De virginitate. »
(3) Ferreol, Apollinaire, étaient parmi les plus lettrés de leur temps.

christianisme ; elle en conservait les traditions dans les Ecoles religieuses et les monastères. Elle vit naître, dans son sein, la plupart des écrivains, des poëtes illustres de cette époque à demi-barbare, et suffit à deux tâches difficiles : sauver de l'oubli, ce que les siècles d'erreur avaient pu mettre au jour de beau, de vrai, et par la théologie, garder au cœur des peuples la vérité.

Cependant la littérature inspirée par l'ancien culte donne encore signe de vie. Le poëte (1) élégiaque Numentianus, est un vieux Romain, un ennemi du christianisme, un sceptique, un ami tiéde des faux dieux ; il a de la verve, de l'imagination, de l'élégance. Il meurt vers le milieu du cinquième siècle. — On peut encore compter parmi les poëtes qu'inspira la muse antique, Sidoine Apolinaire, qui fut païen, par l'esprit, avant d'être un grand évêque.

Mais si les Dieux n'ont plus que de rares poëtes, en revanche les poëtes chrétiens se multiplient. Prosper d'Aquitaine confond les ennemis de la grâce et les ingrats ; saint Paulin de Nôle, saint Hilaire d'Arles, Claude Marius Victor, Paulin de Périgueux, saint Orient font de généreux efforts pour soumettre aux lois des vers et rendre populaires, en les poétisant, Dieu, la Genèse, la morale Chrétienne ; un petit-fils d'Ausone, un autre Paulin, surnommé le Pénitent, nous laisse ses confessions (2). C'est le tableau intéressant (3) de la vie agitée d'un homme de son rang et des mœurs de l'époque (4); Apollinaire, fils de l'illustre Sidoine, traduit une partie de la Bible en vers Homériques, et fait des comédies classiques d'après Ménandre. Enfin Cœlius nous a laissé un poëme, qui célèbre la vie du Sauveur ; dans une épître à Macédonius, il indique son dessein et peint, sans le vouloir, l'esprit

---

(1) Il a écrit un poëme intitulé : « de Reditu. » C'est le récit intéressant de son retour dans les Gaules.

(2) Le livre de ses confessions est intitulé : Eucharisticon.

(3) Ampère. Histoire littéraire de la France, au cinquième siècle. 152 p. T 2.

(4) « C'est, dit M. Guizot, l'un des plus heureux essais de poésie philosophique, qui ait été tenté au sein du christianisme. »

littéraire du cinquième siècle : « J'ai cru, dit-il, ne pouvoir, sans
» faute, garder le silence, et refuser de mettre au service de la
« vérité, des études consacrées d'abord à la vanité. » Ces simples
paroles résument tout l'art chrétien.

Dans la prose, saint Hilaire de Poitiers touche au cinquième
siècle ; c'est un écrivain impétueux, véhément ; il a composé plusieurs livres sur la Trinité. Après lui, saint Vincent de Lérins expose
les fondements de l'orthodoxie (1) ; Mamert Claudien, frère de saint
Mamert, explique la nature de l'âme, dans un traité remarquable
par la force du raisonnement et l'élévation de la pensée; Paulin
de Noles n'est pas seulement poète ; il écrit cinquante épîtres à
des personnages importants : il a une foi persuasive et douce.
Enfin Salvien (2), dans son ouvrage admirable du Gouvernement
de Dieu, fait une magnifique apologie de la Providence. Il a compris la mission des barbares : « Ce qu'ils font ne vient pas
« d'eux ; ils sont entraînés et poussés en avant par une volonté
« et pour une mission divine. » Il ne connaît pas moins le monde
Romain, « qui meurt en riant. » Salvien est sublime comme
Bossuet, et prophète comme Jérémie.

Ajoutons que les moines, occupés d'agriculture, quittaient les
champs presqu'uniquement cultivés par leurs soins, afin de copier
les manuscrits anciens; en plein air et dans leurs cellules, ils
travaillaient, pour un siècle souvent incapable de les comprendre,
au double entretien de l'âme et du corps ; du reste, sans compter les écoles Épiscopales, le cinquième siècle, et même le sixième, virent encore bon nombre d'écoles civiles où s'instruisait la
jeunesse. Ecoutons, à ce sujet, M. Ampère : (3) « Avant l'avène-
« ment des barbares, il y avait, en Gaule, deux foyers de cul-
« ture, l'un au midi et l'autre au nord. Au premier appartenaient
« Marseille, Bordeaux, Toulouse ; à l'autre Autun et Trèves. Ce

---

(1) Dans son ouvrage intitulé : Monitorium.

(2) Salvien né à Trèves, en 390, exerça le sacerdoce et mourut à Marseille.

(3) Histoire Littéraire de la France, au cinquième siècle. 174-176, p. T. 2.

« dernier atteint par le voisinage de la barbarie, a presqu'entiè-
« rement disparu ; l'autre subsiste encore pendant toute la durée
« du cinquième siècle et une partie du sixième... Arles, dans
« l'empire des Goths, Vienne et Lyon, dans celui des Burgondes,
« Clermont également soumis aux Goths, jetteront encore quel-
« qu'éclat. Lyon est appelé par Sidoine Apollinaire, «le gym-
« nasse du monde, de ce côté de la mer... La science, dit-il
« ailleurs, a fixé son domaine à Lyon. » (1)

Le nom de Sidoine Apollinaire remet un mémoire celui de saint
Avite, son parent, presque son contemporain. Ce dernier avait
eu pour maître, à Vienne, Sapaude, le *restaurateur des études,*
si l'on en croit Claudien, frère de saint Mamert. Il s'en fallait
donc que les lettres fussent épuisées, dans un siècle qui vit
naître encore, avec Sidoine Apollinaire, l'arbitre du goût, Enodins
d'Arles, le panégyriste de Théodoric, et saint Césaire, disciple
savant de saint Augustin, orateur éloquent et familier. Ce qui inspire
ces grands hommes, malgré la barbarie dont ils portent l'empreinte,
c'est l'esprit de saint Augustin, de saint Jérôme, de saint Paulin; ils
sont orateurs, théologiens, poètes ; ils gardent, au moins, des lettres
la mémoire et comme une tradition généreuse recueillie bientôt
par Charlemagne ; mais c'est en qualité d'apôtres surtout, qu'ils
sauvent la civilisation et l'esprit humain menacé de mort, en
plantant la foi dans les âmes. Parmi ce brillant cortège d'hommes
illustres, qui ferme si dignement le cinquième siècle, et inaugure
même le sixième, apparaît saint Avite. Il a presque toutes les
qualités de ses contemporains ou de ses prédécesseurs les plus
éminents. Il s'en distingue, par une haine, s'il est possible, encore plus grande de l'hérésie ; il est aussi, plus qu'aucun d'eux,
classique en poésie, et sait se montrer à la fois, grand évêque et

---

(1) Dans les monastères des filles même, l'étude tenait assez de place. Celui que
saint Césaire avait fondé à Arles réunissait, au commencement du sixième siècle,
200 religieuses occupées à copier soit des ouvrages religieux, soit peut-être quelques ouvrages anciens. (Guizot : Histoire de la civilisation en France, L, 16.)

poète assez élégant, par une étonnante souplesse de génie qui lui permet de laisser les luttes ardentes de la foi pour le travail tranquille de l'hexamètre Virgilien, mis au service de la vérité.

Nous avons eu déjà l'occasion de parler des lettres de saint Avite et de leur style. Il s'en faut que l'évêque de Vienne ait le goût aussi corrompu que ses contemporains. Il est souvent raffiné comme eux, subtil, obscur, déclamatoire, mais il ne s'embarrasse pas, au moins, hors de propos, comme Enodius ou Sidoine Apollinaire, du fatras de la mythologie ou de l'érudition. Il est toujours élevé, et quand un sujet important l'occupe, quand son cœur est ému, quand la foi l'inspire, quand la vérité seule et non quelque sujet banal lui met la plume à la main, quand il félicite Clovis, Héraclius, ou blâme les évêques d'Italie, il est le plus souvent clair, énergique, bien qu'un peu chargé d'images; mais les défauts de son style disparaissent dans l'ensemble de l'œuvre, et nous voyons, en plein sixième siécle, un apôtre, un docteur, un père de l'Eglise, un orateur éloquent, plus d'une fois un écrivain châtié, prenant tous les tons, suivant qu'il parle à des papes, à des rois, à des grands, à des lettrés, à des amis, à des parents, à son frère, aux évêques dont il est le métropolitain, à des malheureux qu'il faut consoler, à des pécheurs qu'il faut punir.. Il est au-dessous du médiocre dans la plaisanterie. S'il a souvent la subtilité de Sénèque, il en a quelque fois les tours ingénieux. S'il se perd avec Sigismond ou Anastase dans des compliments outrés, obscurs, on distingue encore, à travers les prétentions du style, l'homme de cœur, l'ami de Sigismond (1) et de l'Eglise qu'il veut rendre à l'Unité !

Il nous reste (2) à parler du théologien. Nous savons déjà

---

(1) « Tous ceux, lui dit-il, qui portent sincèrement le nom de catholiques, « doivent adresser à Dieu leurs prières pour qu'il vous procure l'alliance sin- « cère de vos voisins et mette vos ennemis à vos pieds. » Pervigili prece... vobis « nostra vota illibata atque integra relaturis. » Ep. 82. S. Aviti.

(2) Disons encore au sujet des lettres, qu'on en a conservé 87, sous le nom

8

que Gondebaud écrivait ou faisait à saint Avite de fréquentes questions sur des points de doctrine ; mais quelque variés qu'ils aient été, observons cependant, qu'en attaquant Eutychéens, Nestoriens, Photiniens, Bonossiens, l'évêque de Vienne fut toujours plus ou moins préoccupé de la *consubstantialité* du verbe ; il ne cessa pas d'avoir à cœur la conversion des Ariens et du roi Gondebaud auquel il répondait. C'est là ce qui fait la suite de ce chapitre consacré, avant tout, au théologien. Passons sur quelques points peu importants, l'explication des mots Corban, Racha, Missa, dans la première lettre (1) ; la question la plus grave qui y soit traitée par saint Avite concerne la divinité du Saint-Esprit. Il représente à Gondebaud que les Ariens l'ont trompé en lui faisant entendre que Dieu avait soufflé dans l'esprit de l'homme ; il est écrit, au contraire, que « Dieu ré-« pandit sur le visage de l'homme qu'il avait formé du limon de « la terre, un souffle divin, et que par là l'homme reçut l'âme et « la vie. »

En d'autres termes saint Avite fait comprendre que l'esprit de vie n'était pas la substance même de l'esprit, mais l'âme qui de-devait animer le corps de l'homme et que l'Ecriture appelle : « Souffle de vie » ; autrement il faudrait dire que c'est l'Esprit-Saint qui pèche en nous, et que nous demandons pour lui la ré-mission de ses péchés, lorsque nous prions pour les esprits des morts, ce qui ne se peut dire sans blasphémer. Il ajoute que, jusqu'ici, personne n'a distingué l'Esprit-Saint de l'Esprit Consolateur, et

---

de saint Avite, bien que plusieurs d'entr'elles lui fussent adressées ; on y a ajouté les quatre lettres découvertes par Baluze (1678), ou plutôt par Ferrand (1660). Le premier recueil était le plus considérable. Hincmar écrivit à Adon pour avoir une lettre de saint Avite à saint Remi.

Il convient d'ajouter à ces 91 lettres deux fragments : « 1° Papæ Constanti-nopolo. » 2° « Viventiolo Presbytero. » (Ulysse Chevalier. — Annales de philosophie chrétienne. XV. P. 447.)

(1) Dans cette épître saint Avite traite Gondebaud comme un converti, du moins dans le fond de son cœur. Elle doit avoir suivi la fameuse conférence et ne peut remonter plus haut que 500.

qu'il y a cette différence entre l'esprit de l'homme, c'est-à-dire le souffle qui l'anime et l'esprit divin, que l'un commence par la création et que l'autre s'accorde par la bonté. (1)

Gondebaud chargea aussi saint Avite d'écrire contre l'hérésie d'Eutychès qui commençait à se répandre sourdement dans les Gaules. « Cet hérésiarque était un ambitieux, qui cherchait à « parvenir à l'épiscopat et même au patriarchat, (2) en se « faisant par ses nouveautés la réputation d'un homme extraor- « dinaire. Mais il manquait de franchise et d'audace et n'était « distingué ni par ses talents ni par ses connaissances. Il pro- « pagea les dogmes que nous abhorrons dans ses disciples, bien « moins par des écrits que dans des entretiens secrets. En ef- « fet, cet homme ne possédait aucune érudition remarquable, « qui pût donner une apparence de vérité aux pensées qu'enfan- « tait son âme pleine de passion. »

L'évêque de Vienne obéit, avec zèle, à l'invitation du roi Gondebaud. Après une introduction sur les commencements, les progrès, et la condamnation de l'hérésie d'Eutychès; saint Avite ajoute, au sujet de cette funeste doctrine : « Ecoutez « maintenant le principe de l'hérésie contre la quelle nous éle- « vons la voix : Le fils de Dieu, qui demeure avec le père, avant

---

S. Aviti. Ep. 1. « Nam quod dixerunt, *insufflavit Deus spiritum in animum* « *vitæ*, artificiosa eorum fraude confictum est. Quem locum si recensendum sibi « pietas vestra decernat offerri, sic inveniet scriptum : « Et fecit Deus hominem « de limo terræ, et inspiravit in faciem ejus spiraculum vitæ : et factus est homo « in animam viventem... Nihil omninò esse præter duo, id est creatorem crea- « turam que, sapè definitum est. Dei porrò spiritus factor, hominis verò factura « accipi debet. Undè spiritus qui in nobis vivit, potentia Dei intelligitur, non na- « tura. »

(2) S. Aviti. Ep. 2. « Hic ergò ad summum sacerdotium famæ suffragio « comparandum, intromittendæ cujuscumque novitatis studio appetenter ardes- « cens, istud quod in sectatoribus ejus horremus *susurris* dicitur magis invexisse « quàm *litteris*. Si quidem nihil exstitit claræ eruditionis in viro, quod in ali- « qua recti similitudine sensum conceptæ animositatis astrueret. »

« les siècles, et, qui, voulant nous sauver est descendu, afin de
« prendre un corps, comme le confesse la foi orthodoxe, n'a pu,
« à ce qu'ils prétendent, être enfermé dans le sein d'une femme ;
« car, le fils de Dieu, qui est véritablement Dieu lui-même, et qui
« avait dit par le prophète : « Je remplis le ciel et la terre, » n'a
« pu venir où il était déjà, à moins qu'en prenant chair il ne con-
« sentit à être ce qu'il n'était pas. Cette conclusion effraya Eu-
« tychès ; comme il était vivement pressé par les assistants de dé-
« clarer la vierge Marie, Θεοτοκος, c'est-à-dire, mère de Dieu, et
« de souscrire à cette déclaration, il mit en œuvre les artifices de
« son esprit pervers, et confessa qu'elle était, χριστοτοκος, comme
« si elle n'avait mis au jour que le Christ ; d'après cela il faudrait
« croire qu'il y a séparation entre la personne qui conserve la na-
« ture de la divinité, et celle qui endura le tourment de la pas-
« sion. » (1)

Vient ensuite l'exposé de la doctrine orthodoxe qui reste à
égale distance des deux erreurs contraires. Puis saint Avite annonce qu'il examinera plus tard ce qui touche aux erreurs des
Théopaschites, (2) qui assujettissaient la divinité à la douleur,
et des partisans du fantôme, qui niaient la réalité des souffrances

---

(1) S. Aviti. Ep. 2. « Hinc nunc hæreseos contrà quam loquimur, audite pro
« positum. Filium Dei, cum patre antè sæcula permanentem, quem idcircò ad
« salutem nostram descendisse de cœlo ut corpus assumeret fides recta confitetur,
« negant in alvum fœminæ potuisse contrudi, cùm Dei filius, utique Deus, qui
« dixerat per prophetam « cœlum et terram ego impleo » non potuerit venire
« quò eras, nisi per susceptionem carnis acquiesceret esse quod non erat. Quam
« conclusionem metuens Eutyches ille quem loquimur, cùm in Synodo supernè
« designato studiosè ab auditoribus urgeretur, ut Mariam virginem, Θεοτοκον
« id est quæ Deum peperisset, pronuntiaret atque suscriberet, ad ingenii nequi-
« tiam fraude conversus χριστοτοκον, quæ Christum tantummodò videretur
« edidisse confessus est; ut scilicet divisa credatur persona quæ servat divinita-
« tis naturam, ab ea quæ sustinuit passionis injuriam. etc. »

(2) Idem. — « Neque nos nitimur ut inviolabilis divinitas dolores cor-
« poreos perpessa credatur. »

endurées par le crucifié ; ce sont les deux extrémités de l'Euty-
chéisme : il formule ainsi la thèse qu'il développe dans le reste
de l'épître : « Laissant, pour le moment, la discussion de ces
« deux points, j'établirai, (1) dans ce qui suit, l'unité des deux
« substances en Jésus-Christ. » Il apporte alors, en faveur de
la doctrine catholique, une foule de passages de l'Ecriture Sainte;
il en fait sortir ces vérités : « Le verbe qui demeure éternelle-
« ment avec le père est le même qui s'est fait chair, dans le
« temps, pour notre salut... La prophétie relative à Emmanuel, et
« les paroles de Gabriel à Marie sont fausses et incompréhensi-
« bles, si l'enfant prédit par Isaïe et né de la vierge, n'est pas
« Dieu. Ce qu'affirme saint Paul, du médiateur, est absurde, si
« ce médiateur n'est pas, tout à la fois, vrai Dieu et vrai homme :
« Dieu, par sa nature éternelle, homme par sa naissance dans le
« temps. Le même Jésus-Christ est fils éternel du père, et fils
« d'Abraham, selon le corps. »

Dans cette lettre, où saint Avite combat d'abord les Eutychéens
sur la maternité de Marie, puis Nestorius qui reconnaissait dans
le Sauveur deux fils personnellement distincts, il y a une erreur
sur l'expression. χριστοτοκος. Car bien que les Eutychéens, en ensei-
gnant que la chair du Christ était descendue des cieux, détruisissent
la maternité divine dans Marie, on voit évidemment que saint Avite
attribue ici à Eutychès ce qui ne convient qu'à Nestorius. En
effet, les Eutychéens, en supposant que la chair de Jésus-Christ
était descendue du ciel, sapaient également par là le fondement de
la maternité divine dans Marie et celui de la maternité du Christ ;
et comme ils n'admettaient qu'une personne et qu'une nature en
Jésus-Christ, ils n'avaient garde de distinguer la mère du Christ
de la mère de Dieu, au lieu que cette distinction inventée par Nestorius, ressortait du principe même de son hérésie, qui, en
admettant deux personnes en Jésus-Christ, ne reconnaissait qu'une

---

(1) S. Aviti, Ep. 2. « Interim in consequentibus, duorum assertione dilata,
« unitas mihi in christo substantiæ duplicis astruetur etc. »

union morale entre le verbe et l'homme. Mais en Occident, on était peu versé dans toutes les chicanes de ces hérésies qui n'avaient troublé que l'Orient. (1) Ajoutons que saint Avite n'était pas seul à soutenir que les deux erreurs d'Eutychès et de Nestorius avaient de grands points de ressemblance. (2)

En effet, malgré le principe dominant de l'hérésie d'Eutychès, la confusion des deux natures, après l'union hypostatique, on ne peut imaginer que ces deux natures confondues forment le verbe incarné, le Dieu sauveur. Dans un pareil système, celui qui a subi le tourment de la passion, n'est point le fils éternel du père ; ce n'est pas le verbe ; le verbe reste séparé du fils de Marie, du crucifié. Les Eutychéens distinguent donc, en réalité, comme leurs adversaires, deux fils en Jésus-Christ, et placent, les uns comme les autres, un espace infranchissable « entre la personne « qui conserve la nature de la divinité, et celle qui a subi le « tourment de la passion. » (3)

Au fond, en combattant Eutychès, saint Avite était amené à combattre Nestorius. Il a voulu les réfuter tour-à-tour. En prouvant qu'il ne faut point séparer le crucifié de la personne divine, il frappe du même coup les deux hérésies ; il les anéantit, au point commun où elles se rencontrent : la *distinction* des deux fils en Jésus-Christ. C'est dans cette même lettre que l'évêque de Vienne nomme Gondebaud : Protecteur du catholicisme. (4)

Cette importante question de l'hérésie d'Eutychès, saint Avite la traite encore dans une autre Epître, la troisième ; mais il y est surtout parlé du Trisagion, hymne en l'honneur des trois person-

---

(1) Histoire littéraire de la France. T. 3. P. 123.

(2) Petau. De incarnatione. L. 1. Ch. 15. N° 3. « Affirmari etiam videtur Nestorio affinem fuisse Eutychen (quod nonnulli scripserant. »)

(3) Saint Avite évêque de Vienne, sa vie et ses écrits par l'abbé Parizel. — Louvain. — 1859 (p. 115.)

(4) S. Aviti. Ep. 2. « Unicum simul et multiplex donum sæculo nostro nutu « divinitatis indultum est, ut inter regias ordinationes gloriosissimi principatus « vestri, principaliter de tuendæ catholicæ partis veritate curetis. »

nes de la Divinité, qui se chantait au commencement de la messe
et qui fut l'occasion de grands troubles, à Constantinople, en
l'année 512 : (1) Remarquons ici que saint Avite se trompe en
plaçant l'exil du patriarche Macédonius, en 512, (2) et en lui
donnant pour motif la sédition qui s'éleva dans la ville ; c'était
Timothée qui était évêque de Constantinople, à l'époque des troubles
causés par le Trisagion, et Macédonius avait été exilé de Constantinople en 511. (3)

Voici, en somme, comment saint Avite raconte les faits relatifs
au Trisagion. « L'Evêque(4) de Constantinople, Macédonius, pour
« avoir retranché ces paroles de Trisagion : « vous qui avez été
« crucifié pour nous, ayez pitié de nous » excita dans la ville une
« sédition qui l'en fit chasser. » Il ajoute « que c'était un *ancien*
« usage de chanter le Trisagion avec cette addition. » Cependant
il est certain qu'elle venait de Pierre le Foulon, mort depuis peu
de temps et qui avait fait ajouter à l'hymne : « crucifié pour
« nous. » Le peuple indigné de cette addition, croyant qu'elle
affaiblissait la foi de la Divinité, chassa Pierre le Foulon et le
remplaça par Calendion, qui fit intercaler avant l'expression : « qui
« avez été crucifié pour nous, « ο σταυρωθεις δι'ημας, » cette autre expression : « χριστε βασιλευ, » Christ roi, qui éloignait l'idée que la Divinité eût souffert, comme semblaient le faire croire Pierre le Fou-

---

(1) On peut en conclure que l'épitre troisième à Gondebaud, date de 513.

(2) Macedonium ab Anastasio sede Contantinopolana pulsum ei que suffectum
Timotheum constat, Secundino et Felice consulibus, hoc est superiore anno,
quàm de Trisagii additamento Anastasius et Thimotheus turbas cierint. Aliæ
igitur exilii causæ fuerunt, et Aviti hac etiam in parte nutat narratio. »
Sirmond. N. B. — Ep. 3. S. Aviti.

(3) Ch. Binding (Monarchie Burgonde-Romaine) dans sa chronologie des
lettres de saint Avite, pour avoir mal lu sans doute la note de Sirmond relative à l'épitre 3, et qui rectifie l'erreur de saint Avite, date la lettre de 512.

(4) S. Aviti. Ep. 3. «Itaque sicut insusurratum fuerat principi, et ipse insinuat
« sacerdoti, nil in querelam venire, nullam fieri de schismate mentionem, si hoc
« quod in ipsa oratione aliquantulorum animos movebat à principe obsecratus
« antistes (Macedonius) aut juberet aut permitteret abrogari. »

lon et les Théopaschites. En 512, l'Empereur Anastase, partisan
d'Eutychès, s'entendit avec le patriarche de Constantinoble Timothée, pour faire chanter le Trisagion tel que Pierre le Foulon l'avait
fait, mais sans y ajouter les mots nécessaires qu'y avait ajoutés
Calendion: χριστε βασιλευ. Il excita ainsi une sédition qui chassa
Timothée et non Macédonius, comme nous l'avons déjà fait remar-
quer, et faillit renverser du trône l'empereur Anastase. Saint
Avite, mal informé, à cause de l'éloignement, s'est trompé sur
les mots véritablement supprimés par Thimothée ; mais il n'est
pas dans l'erreur comme théologien. Il a cru, à tort, que
le patriarche avait retranché de l'expression : « χριστε βασιλευ, ο
ςταυρωθεις δι'ημας, ελεησον, » la deuxième partie : «*vous qui avez
été mis en croix pour nous ;* » mais les conclusions qu'il tire
de son erreur historique sont parfaitement exactes : « (1) Con-
« sidérez, dit-il, toute la folie de l'hérésie dans la condamnation
« d'une seule parole. C'est peu, sans doute, qu'un mot ne frappe
« plus les oreilles, mais avec ce mot on rejette entièrement la
« sagesse et la vérité du dogme catholique. Car ces hérétiques ne
« veulent pas que nous suppliions celui qui a été crucifié ; il faut
« entendre par là que la personne de l'homme ne peut rien nous
« accorder, pas plus que la substance Divine n'a pu rien souffrir.
« Or, n'est-ce donc pas là, véritablement, répondre à l'amour par
« la haine, et payer le bienfait par l'outrage ! En effet, à ce corps
« humain est imprimée une dignité supérieure. Quant à Dieu, il
« n'est pas, sans doute, sujet aux tourments, mais la Divinité
« assiste à la passion. (2) »

---

(1) S. Aviti. Ep. 3. « Vos modò perpendite amentiam totius hæresis in unius
» reprobatione sermonis. In quo parùm est quod auribus putetur ablatum ; sed to-
« tus cum verbo illo Catholicæ veritatis sensus excluditur. Nolunt enim à nobis
« ei qui crucifixus est supplicari, ut videatur tàm nihil posse præstare persona
« hominis, quàm nihil pœnæ pati potuit substantia majestatis : quod quid est
« aliud quàm odium pro dilectione reponere, et convicia pro beneficiis repen-
« sare ! Inserta est nàmque humano corpori dignitas supernorum. Deus quidem
« non subjacet cruciatui, sed divinitas interest passioni. »

(2) Une phrase de cette lettre indique assez clairement que Gondebaud avait

Saint Avite est dans le vrai, malgré des erreurs de détail, et
Grégoire de Tours, (1) appelle cette Epître et la précédente
« des lettres admirables. » Il ajoute qu'elles étaient dirigées non
seulement contre l'hérésie d'Eutychès, mais aussi contre celle
des Sabelliens. Les erreurs des Sabelliens portaient sur la Trinité ; elles attaquaient plus ou moins directement la consubstantialité.

Gondebaud ne se contenta pas d'inviter saint Avite à combattre Eutychès ; il lui envoya, pour les examiner, diverses propo-
sitions émises par Fauste, évêque de Riez, que l'évêque de Vienne
confond peut-être, sans se tromper sur la doctrine, avec « Fauste
« le Manichéen, (2) auteur de plusieurs opuscules exsécrables
« souillés même, en quelques endroits, par un langage très
« déshonnête. Fauste de Riez prétendait à faux, (3) que la péni-
« tence différée jusqu'à l'heure de la mort ne servait de rien, et
« que la foi seule, c'est-à-dire sans les œuvres, était inutile. »

C'est encore à Gondebaud que s'adresse la lettre 28e, sur la
divinité et l'éternité du verbe. Elle fut composée, sans doute,
vers 500. Il y est parlé d'un concile, auquel saint Avite avait
assisté, quelque temps auparavant, avec un évêque nommé

---

essayé, par l'influence de saint Avite, sans doute, de réconcilier Rome et Constantinople, en engageant l'empereur Anastase à conférer, en paix, avec le patriarche de sa capitale pour l'arracher et s'arracher lui même aux erreurs d'Eutychès : « Actum est igitur cum rege Orientis, anno superiore, ut hinc cum epis-
« copo Urbis suæ quasi leni colloquio et blanda meditatione conferret. »

(1) Grégoire de Tours. Histoire des Francs. Liv. 2.

(2) S. Aviti. Ep. 4. « Sciscitatio vestra plena religionis atque pietatis est ; sed
« quia, inquisitione proposita, consultoris vel respondentis nomina præmisistis,
« suggerendum puto, fuisse in Africa quemdam Faustum Episcopum secta Ma-
« nichæum, opusculorum quorumpiam conditorem exsecrabilem sanè, et in non-
« nullis etiàm sermone turpissimorum. »

(3) S. Aviti. Ep. 4. « Nam si baptizatus, aut etiàm translatus ab hæresi qua-
« libet parvulus, vel forsitan ævo longiore provectus, celeri post lavacrum fine
« rapiatur, nec ipse operis jactitator abnuerit, hominum sola fide salvatum. »

Charténius. Ce concile s'était tenu à Lyon ; comme on ne sait
pas ce qui s'y passa, on peut conjecturer qu'il s'agit de la conférence de Lyon, entre les évêques Catholiques et les Ariens,
ou peut-être de l'assemblée qui traita, une première fois, la
question de l'inceste.

Le diacre Florus, dans son commentaire sur les épîtres de
saint Paul, cite, sous le titre de traité de la *Divinité*, la lettre
que nous mentionnons. — Gondebaud souhaitait qu'on lui don-
nât de bonnes preuves que Jésus-Christ était Dieu avant de se
faire homme. Certains hérétiques soutenaient qu'il n'existait
point avant sa conception dans le sein de Marie. Nous transcri-
vons de cette lettre remarquable un seul passage. Saint Avite
s'adresse au roi : « Vous ordonnez (1) donc que je vous expose
« les raisons ou plutôt les autorités démontrant que notre Sei-
« gneur était Dieu substantiellement, avant de prendre la nature
« humaine par l'incarnation, et confondant ainsi l'hérésie d'a-
« près la quelle il a reçu de Marie sa première existence. Cette
« doctrine souverainement pernicieuse, est un blasphème contre
« le père, non moins qu'une impiété outrageante pour le fils.
« En effet, il faut dire que Dieu s'est perfectionné, et que privé
« de fils pendant tant de siécles, il a commencé d'être père
« au moment où Marie est devenue mère, c'est-à-dire lorsque

---

(1) S. Aviti. Ep. 28. « Jubetis igitur, ostendi vobis rationem vel potiùs auc-
« toritatem, quà pateat Deum habuisse in Divinitate substantiam, priusquàm
« sumeret de Incarnatione naturam ; et per hoc perniciosissima hæresis illa vin-
« catur, quæ Dominum nostrum ex Maria cœpisse contendens, etiàm Deum pa-
« trem in filii exsecratione blasphemat. Necesse est enim, quantùm ad illos,
« imperfectioni divinæ aliquid accrevisse, si tantis retrò sæculis sinè filio ma-
« nens, penè jàm in termino mundi labentis cùm Maria prolem, tùm ille habere
« inceperit paternitatem : ac à semetipsis assertionis suæ necessitate constricti,
« quem *nominant filium*, *denegant Deum*. Sentiunt enim, sanas aures ferre
« non posse ut antè non multos adhùc annos Deus cœpisse credatur ex homine.
« Sed nescio in quem effectum redemptio nostra surrexit, si non creaturæ suæ
« pretium Deus exstitit. »

« déjà le monde était près de s'écrouler. Les sectaires sont aussi
« forcés, en vertu de leurs principes, de nier que le fils (c'est
« ainsi qu'ils le nomment) soit Dieu ; car ils le sentent bien, les
« hommes sensés ne peuvent ni croire ni entendre qu'un Dieu
« ait commencé, depuis quelques années, en naissant d'une fem-
« me. Or je ne sais, ajoute saint Avite, quel avantage est sorti,
« pour nous, de la rédemption, si Dieu lui-même ne s'est pas
« donné comme rançon de la créature. » (1)

L'évêque de Vienne conclut en ces termes : « Le fils n'a
« donc pas été choisi, mais engendré par l'ineffable paternité :
« à la fois vrai Dieu et vrai homme, l'un et l'autre par pro-
« priété de nature, il demeure éternellement Dieu par son
« père, bien que par sa mère il ait commencé selon le
« corps. » (2)

Ce sont les Photiniens ou Pauliens (3) qu'attaque dans cette
lettre le savant prélat : il prouve à la fois la divinité de Jésus-
Christ et la consubstantialité du verbe. C'est toujours l'arianisme qu'il combat sur les instances de l'Arien Gondebaud,
heureux sans doute, d'aider à détruire, par une main amie,
l'erreur qu'il n'osait abandonner.

L'élévation du langage de saint Avite, dans cette épître, son
énergie font comprendre qu'Agobard ait pu l'appeler : « le
« plus puissant adversaire des Photiniens. »
Nous ne parlerons que pour mémoire de la vingtième lettre

---

(1) Binding, à propos du concile dont parle la lettre 28me, s'exprime ainsi:
« Il ne peut être ici question de la conférence publique de 499 ; car, après elle,
« Gondebaud avait bien autre chose à faire que de se laisser dogmatiser par des
« évêques. » Rem. sur la chronologie. 290 p. s. q.

(2) S. Aviti. Ep. 28. « Non electum ergò ab ipsa ineffabili paternitate, sed
« genitum : cui tàm Deo quàm homini vero, in utraque natura fideliter proprio,
« in divinitate mansisse de patre, in corpore cœpisse de matre est. »

(3) Petau : De Incarnatione. L. 1. Chap. 3. § 10. s. q.

(1) qui explique certains passages d'Isaïe, et de la première des quatre épîtres découvertes par Baluze, où il est question du centuple promis par Dieu dans l'autre vie.

Du reste, les épîtres que nous avons citées, ne forment pas les seuls ouvrages théologiques de saint Avite ; il en avait composé plusieurs autres, et il en reste même des fragments assez étendus. Adon, évêque de Vienne, et Agobard de Lyon, parlent d'un dialogue de saint Avite contre l'Arianisme. Adon attribue aussi à l'évêque de Vienne deux traités contre les hérésies d'Eutychés et de Nestorius. Ces traités ne sont que les épîtres deuxième et troisième, qui combattent ces deux hérétiques ; il met encore sous le même nom, un écrit contre Fauste de Riez, sur la grâce ; c'est peut-être l'épître quatrième adressée au roi, aussi bien que cet autre traité perdu, suivant le même chroniqueur, et qui avait pour objet : De la pénitence momentanée (à l'article de la mort). Florus adopte cette opinion. Ce savant diacre de Lyon, dans son commentaire sur les épîtres de saint Paul, où il donne moins ses pensées que celles des anciens pères de l'Eglise, rapporte divers fragments des lettres de saint Avite, contre le fantôme, c'est-à-dire contre ceux qui soutiennent que Jésus-Christ n'avait qu'un corps fantastique et en apparence ; il en rapporte aussi de plusieurs livres contre les Ariens, d'un ouvrage sur la naissance de Jésus-Christ et d'un autre sur la divinité du Saint-Esprit.

Voici comment s'expriment, sur ce dernier sujet, les Bénédictins : (2) « Le dessein qu'il avait entrepris (saint Avite) et qu'il « exécuta, de combattre l'Arianisme, demandait qu'il y traitât de « la divinité du Saint-Esprit et de la consubstantialité du verbe. « C'est ainsi qu'en avaient usé ceux qui, avant lui, avaient écrit

---

(1) Les lettres 19 et 20, dit Binding, sur lesquelles il est difficile de se prononcer, parlent d'une disposition particulière du roi « qui ne songe plus qu'au repos « et à la paix, » ce qui ferait croire qu'elles se rapportent au temps qui a suivi la guerre des Franco-Burgondes contre les Ostrogoths. (Chronologie des lettres de saint Avite. 290 p. S. q).

(2) Hist. Litt. des Bénédictins. — T. 3. — p. 137

« contre les Ariens.... Il y a toute apparence que saint Avite
« avait suivi la même méthode, et l'endroit d'une de ses con-
« férences rapporté par saint Grégoire de Tours, ne laisse aucun
« lieu d'en douter : de sorte que les trois fragments (que
« Baluze (1) nous a donnés du livre de saint Avite sur le
« Saint-Esprit, contre Gondebaud,) auront été pris de ce que
« les Ariens nomment le dialogue contre les Ariens, par quel-
« que auteur qui en avait besoin, pour prouver la procession
« du Saint-Esprit. Saint Avite l'y établit d'une façon fort
« claire, conformément à la foi de l'Eglise Occidentale. »

Grégoire de Tours affirme encore que saint Avite avait composé un livre sur l'origine du monde. (2) Le moine Hariulfe,
dans le dixième siècle, parle d'un livre d'Alcimus Avitus, sur le
Pentateuque. Enfin Notker le Bègue, cite un livre du même
auteur intitulé : « L'Instruction des hommes, » sans que l'on
sache ce que ce livre pouvait promettre.

De ces trois derniers ouvrages fort contestables, il ne reste
que les titres. — Avant de nous occuper des homélies de saint
Avite, disons que les fragments théologiques, le montrent comme
les lettres, saintement obstiné contre l'hérésie, en faveur de la
consubstantialité du Verbe, et de la divinité du Saint-Esprit :
« Il prouve (3), contre les Ariens, qu'Abraham, Moïse et les pro-
« phètes n'avaient été sauvés que par Jésus-Christ, ce qui leur
« faisait tant souhaiter son avènement ; qu'on ne peut douter
« qu'ils aient cru en lui, eux qui en ont si souvent parlé et en des
« termes si clairs et si précis... que Jésus-Christ est fils de Dieu,
« par nature et non par adoption : que si le Dieu de gloire a été
« attaché à la croix, sa divinité n'en a rien souffert, mais son hu-
« manité seule ; car il y a, en Jésus-Christ (4), deux substances unies
« en une seule personne, d'où vient qu'il est Dieu et homme. Ce

---

(1) Fragmenta libri de divinitate spiritus sancti. (Baluze.)
(2) Grégoire de Tours. Histoire des Francs. L. 2.
(3) Variorum opusculorum fragmenta...
(4) « In Christo Deus et homo, non alter sed ipse : non duo ex diversis, sed

« ne sont pas deux Dieux, mais c'est un seul et le même Dieu,
« qui, étant de deux natures, est le médiateur entre Dieu et les
« hommes... Saint Avite affirme encore ne pas savoir ce que l'on
« doit penser de la fête de la Pentecôte, ou de la descente du
« Saint-Esprit, si l'on ne croit pas qu'il soit Dieu... Quel hon-
« neur, en effet, lui rendent, en ce jour, les hérétiques, qui le
« mettent au rang des créatures ? L'Eglise ne nous ordonne-t-elle
« pas, dans le symbole, de croire en lui, comme en une personne
« de la Trinité ? Puisque, selon l'apôtre, il pénètre tout, même
« les profondeurs de Dieu, c'est-à-dire ce qu'il y a de plus pro-
« fond et de plus caché (1)... Abraham, ajoute le saint docteur,
« était assis à la porte de sa tente; trois personnes lui apparurent,
« et le patriarche courant au devant les adora, et leur dit : « Sei-
« gneur, si j'ai trouvé grâce devant vos yeux, ne passez point de-
« vant la maison de votre serviteur, sans y entrer. Aucun des
« trois n'était « ni mieux habillé, ni d'une mine plus relevée. » Mais
« le patriarche connaissant le mystère de l'indivisible Trinité, pria
« ces trois personnes en un seul nom : *Seigneur*, puisqu'il y a
« trois personnes dans l'Unité de nature, et une seule substance
« dans la Trinité. »

Voilà, dans son ensemble, la doctrine des fragments théologiques, doctrine appuyée sur de nombreux passages des Saintes
Ecritures, où une science véritable est aidée d'un style presque
toujours clair, précis, énergique, et animée par quelques mouvements passionnés, par une sainte indignation. L'orateur, nous
allons le voir, n'est pas indigne du théologien, de l'ennemi de
l'Arianisme.

« unus ex utroque mediator. Gemina quidem substantia, sed una substantia est...
« Quam soliditatem. » Ad Timotheum pr mæ.

(1) « Apparuit Dominus Abrahæ sedenti in ostio tabernaculi, in ipso fervore diei :
« cum que levasset oculos, apparuerunt ei tres viri; quos cum vidisset, cucurrit in oc-
« cursum eorum, et adoravit in terram et dixit: « *Domine*, si inveni gratiam in oculis
« tuis, nè transeas filium tum. Certè non in aliquo horum trium, aut cultior habi-
« tus, aut eminentior forma præstabat. Et tamen Abraham sacramentum indivisæ
« Trinitatis intelligens, uno nomine tres precatur, quia trina in unitate persona et
« una est in Trinitate substantia: — Ex libris contrà Arianos, — Variorum opus-
« culorum fragmenta. Ad Ephesios. » — 22.

CHAPITRE NEUVIÈME.

Saint Avite orateur. — Ses homélies.

Saint Avite, à la prière de ses amis, réunit ses homélies en un recueil, comme le rapportent Grégoire de Tours, et l'auteur lui-même, dans une de ses lettres à son frère Apollinaire, qui sert de préface à ses œuvres poétiques. Nous n'avons conservé que trois de ces homélies complètes, l'une sur le premier, l'autre sur le troisième jour des Rogations, une autre, « pour (1) la dédicace « de la basilique construite par l'évêque Maxime, dans un bourg « de l'évêché de Genève. » Cette homélie fut prêchée, au retour de l'inauguration d'Agaune, lorsque la dédicace de la nouvelle Eglise fut célébrée à Namasse.

Saint Avite nous apprend, dans sa première homélie sur les Rogations, que cette institution s'était répandue, non-seulement dans les Gaules, mais par toute la terre, qui se purifiait par cette satisfaction annuelle des désordres qui l'inondaient ; que cette fête laborieuse et pénible, comme il l'appelle, fut établie par saint Mamert, l'un de ses prédécesseurs, mais qu'il fallut une extrême nécessité, pour forcer les cœurs inflexibles des Viennois à subir une telle humiliation, et que l'Eglise de Vienne, en embras-

---

(1) « Homilia dicta in dedicatione basilicæ, quam Maximus Episcopus, in Ja-
« navensis urbis oppido condidit, in agro, ad sinistram, distructo ibi fano. . Dicta
« Homilia, cum de institutione Acaunensium revertentes, Namasce, dedicatio
« celebrata est. »

sant la pénitence des Rogations, ne songea qu'à trouver un remède à ses maux. Saint Avite en donne le détail : « (1) Grand
« nombre d'incendies, tremblements de terre, bruits extraordi-
« naires que l'on entendait la nuit...; on voyait les animaux sau-
« vages entrer dans la ville, soit que ce fussent de véritables bê-
« tes, ou seulement des fantômes et des spectres ; c'était toujours
« un prodige qui jetait la terreur dans les esprits. »

Les impies dissimulaient ce qu'ils en pensaient, attribuant ces
évènements au hasard ; les plus sages les regardaient comme des
signes de la colère de Dieu, qui présageaient la ruine totale de
leur ville... Pour achever de les en convaincre, il fallut l'incendie
qui éclata, à l'entrée de la nuit, à l'anniversaire de la résurrec-
tion du Sauveur... Alors le feu prit à l'hôtel de ville, dans le lieu
le plus élevé de Vienne. La nouvelle s'en étant répandue parmi le
peuple assemblé à l'église, tous sortirent, pour mettre à l'abri
du feu leurs maisons et leurs biens. Saint Mamert seul, resta
sans crainte, devant les saints autels, où, par la vivacité de sa foi
et l'abondance de ses larmes, il éteignit le feu à force de prières.
Dans cette même nuit, il forma le dessein d'instituer les Rogations, et prescrivit ensuite les personnes et les prières qui devaient
les accompagner. Il fixa, pour cette pénitence, les trois jours qui
précédent la fête de l'Ascension. Saint Avite fait une remarque dans
cette homélie, sur l'avantage des prières et des bonnes œuvres
qui ont lieu en commun : « Outre que l'union des peuples, dans

---

(1) Alc. Aviti Homilia de Rogationibus, undè consuetudo Rogationum processe-
rit : « Et quidem terrorum temporis illius causas multos nostrûm recolere scio.
« Siquidem incendia crebra, terræ motus assidui, nocturni sonitus, cuidam
« totius orbis funeri prodigiosum quoddam bustuale minitabantur. Nàm popu-
« losis hominum concursibus domestica Silvestrium ferarum species obversa-
« batur, Deus viderit an ludificans oculis, an adducta portentis. Quidquid tamen
« ex iis duobus foret, perindè monstruosum intelligebatur, seu sic veraciter
« immania bestiarum corda mansuefieri, seu tàm horribiliter conspectibus
« territorum falsæ visionis phantasmata posse confingi. Inter hæc diversa vulgi
« sententia, disparium que ordinum variæ opiniones... Mamertus Sacerdos...
« totas in ea... nocte concepit animo Rogationes. »

« les exercices de la pénitence, est un grand motif pour y envoyer
« ceux-mêmes qui n'auraient pas voulu se joindre à tous les autres
« pour pleurer leurs péchés ; l'humilité de l'un anime celle de
« l'autre, et personne ne rougit de se croire coupable, lorsque tout
« le monde confesse qu'il l'est. Quelque faible que soit une per-
« sonne dans la vertu, qu'elle ait soin de s'unir aux autres, ses
« prières obtiendront ce qu'elle n'aurait pas obtenu elle-même. »
L'évêque de Vienne fait encore la remarque, dans cette homélie,
que les Rogations sont devenues vite populaires et ont pacifié
non-seulement les Gaules, mais l'univers infesté de vices.

La deuxième homélie (1) qui nous reste de saint Avite, fut
préchée le troisième jour des Rogations. L'auteur y fait cette ob-
servation, comme dans la première, que les Rogations avaient été
instituées dans le siècle même où il vivait. Cette homélie est infé-
rieure à la première ; il s'y trouve des interpolations. L'autre, au
contraire, est l'histoire intéressante de l'établissement d'une des
plus touchantes solennités du catholicisme ; elle se distingue par
beaucoup d'ordre et de clarté, par un ton de bonté véritablement
apostolique. C'est une des plus belles œuvres et des plus instruc-
tives de saint Avite.

Une troisième homélie, que nous avons déjà mentionnée, pour
la dédicace d'une église construite sur l'emplacement d'un temple
païen démoli, a une véritable importance historique ; elle a dû
être prononcée vers 522 ; le titre même de l'homélie indique au
lecteur qu'elle le fut au retour de l'inauguration d'Agaune, c'est-
à-dire du monastère consacré à la psalmodie perpétuelle, par Sigismond repentant de son parricide. Maxime, évêque de Genève,
présent à la dédicace de l'Eglise nouvelle, gouverna son diocèse
de 513 environ à 536. L'homélie de saint Avite a été reconstruite,
en son entier, par les recherches de M. Léopold Delisle. L'évêque
y célèbre ainsi la victoire de l'orthodoxie :

---

(1) Sermo beati Aviti, feria tertia, in Rogationibus. [Ex. M. S. S. majoris
Carthusiæ.)

9

« A mesure que nous recevons sur notre route l'accueil em-
« pressé des félicitations publiques, il se forme, en quelque sorte,
« par ce concours solennel et continu, comme une seule et même
« fête, et en marchant de vertus en vertus, nous trouvons dans
« l'excès de notre joie, de quoi compenser la fatigue que nous
« cause çà et là la difficulté des chemins. Grâce au zèle du pre-
« mier pasteur, on voit, avec les années, se multiplier les âmes
« conquises à Dieu, les lieux consacrés à la prière, et les récom-
« penses pour ceux qui élèvent des temples aux martyrs. A me-
« sure que les hérétiques diminuent, les progrès de la religion
« vont croissant, et c'est aux dépens de la mauvaise foi que
« s'enrichit la vraie foi. On peut dire que déjà, brillent au mi-
« lieu de la vie présente, quelques rayons des promesses de
« la vie future; l'ivraie des doctrines Ariennes mêlée au bon
« grain, se dessèche sous l'action d'un triage incessant; des
« gerbes trop fortement liées subsistent encore, mais c'est pour
« être consumées par des flammes éternelles dans les siècles
« à venir et par l'envie dans le siècle présent. Cette envie
« s'accroît encore, en voyant par l'heureuse transformation de
« l'édifice où nous sommes, la sainteté succéder au sacrilége,
« le renouvellement à la vétusté, la noblesse à la confusion.
« Le lieu consacré aux martyrs porte ses fruits là où florissait
« le culte des idoles; d'une semence de mort est sortie une
« moisson de vie. C'eût été déjà beaucoup si le poison avait
« péri : combien est-il plus grand de voir les remèdes prendre
« sa place ! Jusqu'à présent s'élevait, comme dans un champ
« inculte et maudit, un épais fouillis d'épines; et c'est là que
« s'épanouissent les fleurs qui, par leur beauté, leur parfum
« et leur éclat, charment à la fois, et ravissent le ciel et la
« terre. Qu'importe jusqu'ici, que cet affreux buisson ait dé-
« chiré de ses ronces tout ce qui l'approchait; aujourd'hui il
« en sort enfin une rose entr'ouverte sous un souffle cares-
« sant, et colorée par la rougeur d'une honte tardive !.. » (1)

---

(1) Homilia dicta in dedicatione basilicæ quam Maximus Episcopus in Janavensis

L'homélie s'achève sur ce ton déclamatoire et prétentieux ; nous n'entreprendrons pas d'en faire un chef-d'œuvre, malgré le souffle de foi qui circule dans l'ouvrage tout entier et lui donne, avec la vie, un certain air de grandeur. L'éloge de Maxime, évêque de Genève, la ruine de l'idolâtrie, une apostrophe aux Ariens, que saint Avite engage à se convertir, terminent l'homélie. « Réjouissons-nous (1), dit l'auteur dans sa « péroraison, félicitons d'un commun accord, le fondateur du « succès de son œuvre, ses auxiliaires du concours qu'ils lui « ont prêté, le peuple du gain qu'il a fait, le pays de l'obéis- « sance qui le maintient fidèle et qui le délivre de l'infidélité.»

A cette joie si franche et si expansive de saint Avite, il y a une ombre; il ajoute : « La place des païens (2) est ici tenue « par la haine vénimeuse des Ariens du voisinage, et s'il ne « s'y trouve plus, peut-être, l'idolâtre qui voulait adorer plusieurs « divinités, il y a des hérétiques qui *gémissent* à la vue des hom-

---

urbis oppido condidit... distructo inibi fano... Dicta homilia cùm de institutione Acaunensium revertentes, Namasce, dedicatio celebrata est. » Conjectures historiques sur les homélies prêchées par Avitus etc., par Albert Rilliet. — P. 24.

« Agentibus nobis, viarum cursu, gratulationis procursum, fit continuatione « solemni, quodam modo una festivitas, et, dùm ambulatur de virtutibus « in virtutes, quod fatigat difficultas itinerum consclatur alacritas gau- « diorum. Principis studio sacerdotis annis succrescunt animæ Deo, orationibus « loca, præmia construentibus templa martyribus. *Hæretico rariscente*, profec- « tus religionis adjicitur; dispendiis perfidiæ fides recta ditatur. Pænè est ut in « præsentibus jàm subradiat quod promittitur in futuris : insertum tritico lolium « dogmatis *Ariani*, proventu assiduæ separationis, *arescit* ; servantur manipuli « vinculis alligati, quos pœna, in perenni sæculo, in præsenti comburat in- « vidia Addit hanc etiàm, ædis hujus commutatione felici, de sacrilegio sanctitas, « de vetustate novitas, de confusione nobilitas. Fructificat locus martyrum « quo floruit cultus idolorum; semente mortifera reditus vitalis excrevit... etc. »

(1) « Lætemur ergò exultatione concordi ; effectu conditor, concursor adsensu, « populus lucro, tellus obsequio, fidelis ut permaneat, nè remaneat infidelis... »

(2) « Implet hìc porrò, Gentilium vices vicinantium Arianorum tabidus li- « vor, et, si paganus hìc forte jàm deest, qui plures Deos vellet excoli, gemet « hæreticus qui unum conspicit exorari. »

« mages rendus au Seul Dieu. » Si l'Arianisme n'est par extirpé,
il est réduit à l'impuissance ; on le sent, malgré la douleur chrétienne de l'évêque, à la vigueur et à l'autorité de sa parole ;
l'hérésie est condamnée à vivre, et à *gémir*, sans influence, par
la tolérance prudente de ceux qui l'ont vaincue.

Outre ces trois homélies intactes, il reste deux fragments d'une homélie prêchée : « dans la basilique de saint
« Agaune, sur l'installation du monastère lui-même et la pas-
« sion des martyrs. » Cette homélie fût prononcée quelques
jours avant celle de Namasse, comme il est facile de le voir, en
lisant les deux titres. Le monastère d'Agaune avait été fondé (1),
même avant Sigismond ; celui-ci le reconstruisit, s'y attacha, et
depuis, en expiation de son parricide (2), y installa la psalmodie
perpétuelle. Nous savons déjà que la reconstruction du monastère
d'Agaune était due surtout à l'influence de saint Avite.

Voici ce qui survit de l'homélie, où l'on peut remar-
quer le passage qui concerne la psalmodie :

« On vient, en vous relisant le récit de leur martyre, suivant
« une sainte coutume, de vous faire entendre la panégyrique de
« ces bienheureux guerriers (3), dans les rangs fortunés desquels
« nul n'a été perdu, bien qu'aucun n'ait échappé ; comme si
« l'injuste trépas de ces saintes victimes, avait été, en quelque
« sorte, condamné par la justice du sort, qui deux fois jeté sur
« cette paisible troupe, accrut au centuple le nombre de ceux qui
« devaient être décimés (4). »

---

(1) Histoire litteraire de la France. P. 78 et III. V. 3.

(2) Grégoire de Tours. L. 3.

(3) Il s'agit des martyrs Thébéens exterminés dans le voisinage d'Agaune, sur
l'ordre de Maximien Hercule. Le monastère d'Agaune se rattachait à leur mémoire.

(4) « Homilia dicta in basilica sanctorum Acaunensium, in innovatione monas-
« terii ipsius vel passione martyrum.

« Præconium felicis exercitus, in cujus congregatione beatissima nemo periit,

L'orateur continue, en célébrant la gloire de la Jérusalem céleste;
puis il fait l'éloge de Sigismond, (1) et le termine ainsi : » Ja-
« mais nos paroles n'ont été à la hauteur de tes mérites ; mais
« lorsque nous en venons à *la solennelle psalmodie* d'Agau-
« ne, ce serait peu de dire que tu surpasses nos louanges,
« puisque tu surpasses tes propres œuvres. » (2)

« Qui pourrait, en effet, méconnaître ce qu'il y a de glorieux
« dans cette *innovation*, grâce à laquelle, tandis que pendant les
« intervalles des offices, le culte cesse dans les sanctuaires, dans
« celui-ci la voix des chrétiens *retentira perpétuellement*. Le
« Christ sera perpétuellement *entendu* et paraîtra vous exaucer
« *perpétuellement*, en habitant désormais parmi vous » (3).

Une autre homélie fut prêchée par saint Avite, à l'occasion de
la dédicace d'une basilique, à Genève, qui avait été brûlée par
l'ennemi. (4) L'incendie dont il est question, eut lieu, sans doute,
à la suite d'une invasion faite par l'ennemi sous les murs de
Genève, alors que Gondebaud poursuivi par Clovis, prenait la
fuite vers Avignon. On a de l'homélie l'exorde et la péroraison.
L'Evêque avait pris pour texte l'histoire de Zachée, dont il est

---

« dùm nullus evasit, cùm injustam sanctorum martyrum mortem quasi sortis
« justitia judicarit, qua, bis super aciem dispersa monsuetam, contuplex decima-
« tis fructus adcresceret... »

(1) Voir la traduction de cette éloge. Chap. 4·

(2) « Nunquam quidem contulimus verba virtuti, sed, cum ad *præsens psal*
« *misonum solemne* perventum est, parùm puto si dicam verba nostra, vicisti
« hodiè insuper et opera tua. »

« Quis enim negarit, interdûm tabernaculis officiorum mutatione vacantibus,
« illud gloriosum *innovari*, quo semper Christianus sonet, semper Christus.,. sem-
« per audiatur; cæteris semper videatur exaudiens vos, nunc habitaturus hic... »

(3) Il ne peut être question que de la *psalmodie perpétuelle*, instituée par Sigismond, en expiation de son crime commis en 522. Saint Avite vécut donc au
delà de cette époque.

(4) « Homilia dicta in dedicatione basilicæ Genova quam hostis incen-
« derat. »

parlé (dans les fragments qui nous sont restés) deux fois, au commencement et à la fin.

On ne sait à quelle homélie rattacher un fragment où saint Avite fait la description plus ou moins fidèle des environs de Saint-Maurice, en Valais : « Un fleuve tumultueux (1) et profond, « encaissé, un pont jeté d'une rive à l'autre, l'espace ouvert et « élevé qu'occupe le saint édifice surplombant la rivière, » sont autant de traits, qui conviennent, jusqu'à un certain point, à la situation du monastère d'Agaune. » Bignon (2) pense que ce passage appartient à l'homélie prêchée par un évêque, en Tarentaise, dans la Basilique de saint Pierre. Notons encore un fragment qui doit appartenir à une homélie prononcée lors de la fondation d'un établissement religieux et charitable. (3)

Les sermons de saint Avite ne paraissent point différer beaucoup des homélies ; le diacre Florus nous en a conservé divers fragments : un sur la Pâque, un autre sur le sixième jour après Pâques, trois sur les trois jours des Rogations, (bien que l'orateur

---

(1) Albert Rilliet. — Conjectures historiques, p. 50.

(2) Bignon, célèbre par son érudition, — 1661-1743.

(3) Ce fragment occupe le recto du quinzième feuillet du manuscrit de saint Avite, découvert par M. Léopold Delisle, à la bibliothèque Nationale. Suivant le même auteur il manquerait encore, au manuscrit, trente feuillets au moins. Ajoutons encore à ces homélies, celles qui ont pour titre : « In restauratione « baptisterii, in sua civitate Vienna. » 2° « Homilia dicta in restauratione ba- « silicæ superioris. » 3° « Homilia dicta in restauratione (titre incomplet). » 4° « Homilia dicta in basilica sanctæ Mariæ. » 5° « Homilia dicta in conver- « sione Domni Segirisci, Lugduni, à tempore posteridiæ quàm soror ipsius ex « Ariana hæresc recepta est. »

Ces fragments, dont le dernier, relatif à Sigéric, n'est impor tant que par son état de conservation, ont été mis au jour par M. l'abbé Ulysse Chevalier, dans les annales de philosophie chrétienne; — cinquième série, XV — 445 — 447 p.

On compte, en tout, 28 homélies de saint Avite, (titres, fragments), en com-prenant l'homélie mentionnée par Agobard, sur la conversion de Sigismond, et aussi une autre sur la conversion de Lenteildis, sœur de Clovis.

eût déjà traité ce sujet) plusieurs sur la passion de Notre Seigneur-Jésus-Christ, sur l'Ascention, la Pentecôte, l'institution de l'Eucharistie, la dédicace de saint Michel-Archange, (saint Avite y reconnaît le ministère des saints Anges envers les hommes ; il applique à cette vérité le songe mystérieux de Jacob ;) sur le roi Ezéchias, l'enlèvement d'Elie, l'ordination d'un Evêque. C'est dans ce dernier sermon qu'il se peint lui-même, sans y songer, avec sa probité sévère, la sincérité et la profondeur de son caractère sacerdotal. Nulle part, sans doute, nous n'aurons vu son âme plus à nu ; toute l'éloquence de ce discours est dans la vérité ; l'évêque s'y recommande par un bon sens pratique et rigoureux, une fermeté de principes et de style qui exclut l'emphase et la prétention :

« Si quelqu'un désire (1) l'épiscopat, il désire une bonne œuvre. »
« Ces paroles d'un apôtre, dit saint Avite, servent de prétexte à
« l'ambition égoïste qui s'allume dans certains cœurs. Il cesserait
« ce désir, si l'on se pénétrait des autres paroles du même apô-
« tre : « Il faut pour concevoir un tel désir, être irrépréhensi-
« ble... » Afin de former un pareil vœu, en toute liberté et sécu-
« rité, considérons et scrutons nos propres mérites : Avons-nous
« gardé pure de toute faute et de toute souillure, dans notre
« âme, l'image intacte de la Divinité ? Notre volonté, dans son
« élan, n'a-t-elle jamais dépassé les bornes de la justice ? Notre
« main n'a-t-elle jamais retenu le superflu, nécessaire aux indi-
« gents ? notre vivacité sans réflexion, n'a-t-elle jamais rompu le
« silence, qu'il eût été utile et décent de garder ? la ferveur et les
« bouillons de notre colère se sont-ils épuisés avec le coucher
« du soleil ? n'avons-nous jamais, dans notre cœur, fait dire à
« notre bouche hypocrite, des paroles qui démentaient les pen-
« sées et les vœux de notre âme ? Avons-nous redouté le par-
« jure ?... Que dire de ceux qui achètent, à vil prix, une grâce si
« précieuse, et qui perdent à la fois, leur pudeur et leur argent ?

---

(1) Nous avons déjà traduit (chapitre IV) un passage d'un autre sermon, sur le même sujet.

« Vouloir acheter la faveur d'une charge divine, c'est obtenir au
« poids de l'or, non pas l'épiscopat, mais sa propre mort ! C'est
« cette contrainte, cette élection donnée à l'intrigue, que je dé-
« teste en toute franchise. Celui-là ne peut plaire à Dieu, qui se
« plait à lui-même, jusqu'à faire choix, pour l'épiscopat, de sa
« propre personne ! Parlons plutôt de tout ce que fait un évêque
« réellement désintéressé. Ce n'est pas une charge légère que
« celle de l'administrateur d'une Eglise ; il lui faut parler au peu-
« ple, comme un maitre, agir comme un disciple du Christ, gou-
« verner la foule par sa miséricorde non moins que par sa sévé-
« rité ; il ne doit pas craindre ses fatigues, ni se mêler en rien aux
« criminelles disputes du monde..; il doit seulement éviter d'être
« malhonnêtement cupide, mais sans fuir l'occasion d'un gain
« qui soit légitime, c'est-à-dire, polir les talents que Dieu lui a
« confiés pour une prédication assidue, et doubler ce qu'il a
« acquis et augmenté pour le salut de son troupeau. Il faut qu'il
« soit orné ; mais il n'est pas question des ornements du corps ;
« ce qui orne un évêque, ce n'est pas la pompe extérieure mais
« l'éclat de ses mérites. C'est ainsi qu'au lieu où le sacerdoce
« l'a fait monter, suivant le chemin étroit et si pénible de l'Evan-
« gile, trainant, derrière lui, le peuple par les mêmes défilés,
« évitant de tomber à gauche, ne présumant jamais qu'il est à
« droite, un évêque craindra, sans cesse, de glisser de l'un ou
« l'autre côté... ne négligeant rien, acquérant beaucoup, donnant
« d'avantage. » (1)

---

(1) Ex sermone de ordinatione Episcopi. Variorum opusculorum fragmenta.
« Si quis Episcopatum desiderat, bonum opus desiderat. — Solent autem pleri-
« que propriæ ambitionis incendium dicti hujus Apostolici quasi refrigerio tem-
« perare, quod jàm et libertate permissa res boni operis concupiscatur. Sed
« statim cessaret tale desiderium, si sequentia tractarentur : oportet, inquit, hujus
« modi irreprehensibilem esse »... Hic permissam sibi desiderii securitatem
« meritâ semetipsa scrutata considerent ; si ab omni interdictæ repre-
« hensionis nævo candida divinæ imaginis integritas custoditur ; si quan-
« docunque mentis impetus moderationis limitem non excessit ; si qui
« buscunque indigentibus superfluum quispiam manus non tenuit ; si nunquàm

Ce tableau n'est-il pas d'une vérité éloquente et qui saisit d'effroi ! il est tracé, à n'en pas douter, on le sent à l'ardeur de la parole, par un homme qui a fait l'expérience des dangers qu'il énumère et qui n'a pas cessé de lutter. On croirait entendre un écho de la voix sévère de saint Paul.

Il est un autre saint Avite que nous connaissons déjà, non moins vrai, plus consolant, et qui commente l'Ecriture d'une manière à la fois ingénieuse, touchante et persuasive. En voici un exemple tiré du sermon de l'Eucharistie.

« (1) Notre Sauveur, voulant réaliser le Sacrement de la chair
« qu'il s'était unie et nous mettre avant le jour de sa mort, en posses-
« sion d'un bien céleste, fit un testament per lequel il nous insti-
« tua héritiers de ses largesses. Il le fit, à la manière des hom-
« mes, mais sans être forcé de perdre ce qu'il laissait à ses fils :
« au contraire, le legs devait lui procurer des enfants. C'est là ce
« que nous appelons le nouveau Testament. Par lui, le peuple
« chrétien, à l'exclusion de tous les autres, devient seul héritier.
« Cependant l'héritage ne se divise pas comme les biens de la
« terre ; il ne diminue point pour être distribué à un grand
« nombre. Nous sommes tous admis, tous invités ; et la part que

---

« sermonis petulantia honestatem silentii salubrioris irrupit : si calentem diei
« ferventis iracundiam limes occidui solis absolvit ; si nunquàm corde duplici
« diversum sonantis cogitantis que aliud verba quàm vota moliuntur ; si ad
« ultimum digna observantiæ cura, ut de juramentis taceam, vel perjuria formi-
« dantur… Jàm quid de illis dicatur, quos pretiositatem gratiæ pretii vilitate mer-
« cantes, usquè ad jacturam pecuniæ verecundiæ jactura producit ? etc. »

(1) Ad Hebræos. — Ex sermone de Natali Calicis.

« Impleturus Redemptor noster sacramentum carnis assumptæ, sicut æternus et
« piissimus pater, creatis à se redemptisque filiis spem indultæ adoptionis ape-
« riens, substantiam que nobis cœlestem antè diem suæ mortis assignans, testa-
« mentum fecit, quo nos hæredes ab his quæ largiebatur instituit, humana qui-
« dem comparatione sed non humana necessitate, non amissurus quod filiis de-
« putabat, sed habiturus magis filios cum hæreditate quàm scripserat. Testamen-
« tum hoc appellamus, testamentum novum. »

« nous possédons, n'est point diminuée en faveur des nouveaux
« enfants : que leur nombre augmente, qu'ils se multiplient à
« leur tour, autant qu'ils voudront, l'héritage reste toujours en-
« tier pour chacun. Constatons maintenant la valeur exacte des
« biens qui nous sont légués. Tout se réduit à la consécration par
« laquelle le Sauveur, faisant la cène avec ses apôtres, institua
« l'éternel sacrifice. Nous voyons donc qu'il ne nous a rien re-
« tranché de la plénitude de ses richesses ; il nous a laissé tout
« entier ce qu'il avait pris pour nous. D'autres lèguent leurs
« biens à leurs héritiers ; pour lui, il se donne lui-même ; il
« donne sa propre chair et son propre sang. »

En résumé, malgré de beaux passages d'une éloquence véritable, saint Avite est trop souvent, comme orateur, ampoulé et
déclamatoire ; il prend le raffinement pour la délicatesse...
L'auteur des lettres est plus pur, plus simple, moins enflé. —
Cependant si l'évêque de Vienne, n'a pas, dans ses homélies
et ses sermons, échappé à la corruption du goût, il est naturellement éloquent et digne de sa réputation ; il est grand, animé, véhément, nourri des Saintes Ecritures ; il a du souffle, de
la passion, quelque fois de la douceur, de la tendresse. Mais
ce qui domine, dans l'orateur, c'est l'apôtre, qui va de ville en
ville, donne son cœur et distribue la bonne nouvelle ; et dans
l'apôtre lui-même, ce qui domine, c'est l'ennemi de l'Arianisme.

CHAPITRE DIXIÈME.

Saint Avite poète.

On a un certain nombre de manuscrits des poésies de saint Avite, découverts à Saint-Gall, à Florence, à Rome, à Vienne, à Cambridge, à Lyon, à Laon. Mais indépendamment des six ivres de poésies connus pour appartenir à l'évêque de Vienne, on lui a attribué d'autres vers, dont mille ont été retrouvés par dom Martène, regardés par lui comme authentiques, et augmentés de six mille découverts récemment (mais avec d'autres conclusions) par dom Pitra (1), d'après deux manuscrits de Laon et un manuscrit de Cambridge : ces vers sont la suite de ceux que nous devons aux recherches de Dom Martène (2) ; ils traitent, sous le nom d'histoire Evangélique, le même sujet que saint Avite lui-même traita en cinq chants ; les plus anciennement retrouvés, au nombre de mille, ont été successivement attribués à Cyprien, à Tertullien, à Salvien de Marseille ; Sirmond, d'après Dom Martène, penche pour saint Avite ; mais il ne les a pas édités. Galland, dans une note qui fait suite aux poésies de saint Avite, d'accord avec le commentaire de Sirmond, dit qu'il y a d'autres poèmes sous le nom de l'évêque de Vienne, mais : « si grossiers,

---

(1) Spicilegium Solesmense. — T. 1. P. 173. s. q.

(2) Dom Martène, savant bénédictin, (1654-1739) auteur de l'ouvrage intitulé : « Veterum scriptorum et monumentorum historicorum, dogmaticorum et moralium collectio. »

« et si remplis de fautes qu'on se ferait un scrupule de mettre
« au jour des vers que l'auteur préférerait tenir cachés dans
« l'état où ils sont. »(1)Dom Pitra prétend, avec beaucoup de vraisemblance, que le recueil même des poésies de saint Avite édi-
tées par Sirmond, prouve contre l'opinion de ce dernier et de tous ceux qui attribuent les vers en litige à l'évêque
de Vienne. Pourquoi saint Avite aurait-il, en effet, traité
de nouveau, un sujet qu'il avait déjà entrepris et achevé ?
Un critique sensé ne l'imaginera pas. D'ailleurs, lors même
que l'incorrection des vers de « l'histoire Evangélique, » serait,
comme le pense Dom Pitra, due à la maladresse des copistes,
on a des vers authentiques d'un poète du quatrième siècle, le
plus ancien des poètes Chrétiens, nommé Juvencus, (2) dans la
publication de Dom Martène ; et les mots qui lui sont familiers,
certaines expressions qui lui sont propres, reparaissent également dans les sept mille vers successivement retrouvés grâce à
Dom Martène et à Dom Pitra ; partout aussi se représentent les
mêmes comparaisons, le même scrupule à suivre le texte de
l'Ecriture Sainte, le même mètre, et les mêmes habitudes de
prosodie. Enfin divers manuscrits mentionnent des poèmes de
Juvencus, sur l'ancien Testament. C'est donc à lui qu'il faut rendre les vers que Sirmond n'est pas loin d'attribuer à saint Avite.

Le vrai recueil de ses poésies comprend six livres ou chants,
tous en vers héroïques, sur la création du monde, la faute origi-
nale, le jugement de Dieu, le déluge, le passage de la mer Rouge
et la Virginité. Il est intéressant de raconter dans quel esprit et
dans quelles circonstances l'évêque de Vienne les publia. Examinons d'abord la lettre de saint Avite à son frère Apollinaire de

---

(1) Spicilegium Solesmense (Prolegomena). P. XXXV. Articulus IX.

(2) Au témoignage de Montfaucon (1675-1741), savant bénédictin, un Codex de
Corbie a existé où se trouvaient : « Carmina Juvenci, in vetus testamentum. »
(Prolegomena ad spicilegium Solesmense).

Valence. C'est comme une préface. Elle se trouve en tête des
œuvres poétiques. « Naguère, dit-il, ayant réuni dans un re-
« cueil, quelques-unes de mes poésies, sur l'invitation de mes
« amis, je bravai le péril de la publicité. Aujourd'hui que vous
« me suggérez des desseins encore plus élevés, je m'avance
« porté sur le cothurne, avec un front d'airain, une audace
« plus insolente qu'avant. Vous me pressez, en effet, de mettre
« au jour tout ce que j'ai écrit, sur quelque sujet que ce soit,
« dans le langage mesuré des vers, et de vous dédier mon ou-
« vrage. Je me rappelle, il est vrai, avoir composé quelques poé-
« mes ; ces petites pièces sont même assez nombreuses pour
« faire un volume considérable, si elles étaient mises en ordre ;
« je songeais à les recueillir, en les distribuant suivant les ma-
« tières et le temps ; mais presque tout fut dispersé à une époque
« de violence et de troubles trop fameux. Il était difficile de re-
« chercher, ou plutôt impossible de retrouver chacune de ces
« pièces ; je renonçai donc à publier celles qu'il eût été trop
« pénible de refaire, et plusieurs autres, qu'il n'était pas facile
« de coordonner, bien qu'elles eussent été conservées. Cepen-
« dant, j'ai retrouvé ensuite, chez moi, quelques petits poèmes
« qui répondent à leurs titres, quoique j'y touche d'autres sujets,
« lorsque l'occasion m'y convie. Puisque vous le voulez, ces
« fruits d'un labeur obscur, brilleront, du moins, de l'éclat de
« votre nom. » (1)

---

(1) « Protologus. — Domino sancto in Christo piissimo et beatissimo Apollinari Episcopo, Alcimus Ecdicius Avitus frater.

« Nuper quidem, paucis homiliarum mearum in unum corpus redactis, hor-
« tatu amicorum discrimen editionis intravi. Sed adhùc te majora suadente, in
« cothuruum petulantioris audaciæ, edurata fronte, procedo. Injungis nàmque,
« ut si quidquam de quibuscunque causis metri lege conscriptum est, sub profes-
« sione opusculi vestro nomini dicetur. Recolo equidem nonnulla me versu
« dixisse : adeò ut si ordinarentur, non minimo volumine stringi potuerit epi-
« grammatum multitudo... Hi ergò (versus), quia jubes, etsi obscuri sunt opere
« meo, tuo saltem nomine illustrabuntur... Si quacunque ex parte peccandum est,
« salubrius dicente clerico non impletur pompa quàm regula, et tutius artis pede
« quam veritatis vestigio claudicatur. »

« C'est à peine si un écrivain, quel que soit son travail ou
« sa science, peut réussir en poésie, lorsqu'il veut garder le
« ton convenable à un sujet religieux, et suivre fidèlement les
« règles de la foi, au moins autant que celles du style. En effet
« cette science de mentir, accordée aux peintres et aux poétes,
« doit être bannie d'une œuvre sérieuse. Chassons-la bien loin.
« En fait de poésie profane, on passe pour être d'autant plus
« habile que l'on écrit avec plus d'élégance, disons mieux, que
« l'on tisse plus de mensonges. Je ne parle pas ici de ces verbes
« et de ces noms (?) qu'il ne nous est pas permis de lire fréquem-
« ment dans les ouvrages d'autrui, loin que nous puissions les
« employer dans nos propres écrits, et qui sont cependant une
« grande ressource pour le poéte, lorsqu'il veut signifier une
« chose pour une autre. Ainsi, au jugement des gens du monde,
« nous manquerons d'habileté et de talent, parce que nous n'u-
« sons point des licences poétiques; ils trouveront que nous
« avons entrepris une tâche plus laborieuse qu'utile. Mais nous
« mettons une grande différence entre le jugement des hommes
« et celui de Dieu. Chaque fois qu'il faut affirmer quelque chose,
« ou donner une explication convenable, s'il faut pécher, en
« quelque manière, mieux vaut pour un prêtre, négliger la
« pompe du langage que manquer à son devoir; il est plus sûr
« de composer des vers boiteux que de chanceler dans la voie
« de la vérité. En effet, abuser de la parole c'est commettre une
« faute inexcusable; et s'il est vrai que tous les hommes devront
« rendre compte de toute parole oiseuse, avouons qu'il est encore
« plus dangereux, dans un ouvrage traité à loisir, de blesser les
« lois de la morale, pour sauver celle du langage. »

Cette lettre écrite (à part quelques passages) dans un langage fort clair, développe avec franchise et grandeur la pensée de
saint Avite et de tous les poétes chrétiens de son époque, le but
religieux de leurs œuvres littéraires. Nous avons déjà mis sous les
yeux du lecteur, la profession de foi de l'un des poétes qui flo-
rissaient au cinquième siècle; saint Avite ne parle pas autre-

ment ; au besoin il sacrifiera l'éloquence à la vérité ; ce n'est plus le monde, c'est Jésus-Christ lui-même qui a fixé les règles du nouvel Art Poétique.

« Avec Virgile, écrit Ozanam, les chrétiens et les païens du « cinquième siècle, apprenaient par cœur, gravaient dans leur « mémoire toutes les pensées, toutes les doctrines, toutes les images « du paganisme. C'est contre le paganisme que les premiers poè- « tes chrétiens s'efforcent de lutter ; voilà pcurquoi ils s'effor- « cent de retenir les formes Virgiliennes, classiques, pures, tout « en mettant dans ce moule antique des idées nouvelles, au « risque de voir ces idées pénétrant, en quelque sorte, la forme « dans laquelle elles ont été reçues, finir par la faire éclater et « par briser le moule. » (1)

Une autre lettre de saint Avite, qui concerne également ses poé- sies, est adressée à Eufrasius, (2) évêque de Clermont : « Plus « j'ai cherché longtemps le voleur de mon opuscule, plus je « me réjouis de l'avoir aujourd'hui sous ma main. Quelque soit « ce petit ouvrage, et bien qu'il n'ait été ni publié à loisir, ni « purgé de toute faute, vous daignerez, je l'espère, le communi- « quer, en l'excusant, à notre frère Apollinaire, homme très- « distingué et très pieux... S'il trouve, dans ce volume, un sujet « convenable de lecture, ne fût-ce que pour les enfants, je pour- « rai le savoir par une lettre de sa grandeur. »

Or, Eufrasius, le voleur en question, a communiqué les poé- sies au jeune Apollinaire ; le jugement du critique est favorable

---

(1) Ozanam. — La civilisation au cinquième siècle. Leçon 18. p. 229.

(2) S. Aviti. Ep. 38. « Has etiàm (litteras) per ipsum libenter adjeci, quibus « opusculi mei jamdiù quæsitum prædonem in manus meas venisse plus gaudeo. « Ft qnia libellum ipsum, quantùm mihi indicaverat, vobis reportat, spero ut « qualecunque est opusculum ipsum, nec vacanter editum, nec omnimodis « emendatum, viro sublimi ac piissimo, si dignamini, fratri nostro Apollinari, « publicare atque excusare dignamini. »

à l'auteur : « Vous avez agréé, écrit saint Avite à son juge, les
« petits poëmes que j'ai composés sur les faits de l'histoire-
« Sainte; « il s'excuse ensuite « de la forme de ces ouvrages ; »
« il les a rédigés (1) au milieu d'occupations nombreuses, tout en
« composant des livres plus nécessaires ; il rappelle « que
« le manuscrit a été enlevé à ses scribes, avant même qu'il ait
« pu le revoir et le corriger. »

Abordons maintenant les poésies elles-mêmes. Le premier
chant a pour titre : La Création du monde. (2)

« Je dirai la cause des maux divers qu'endure le genre humain
« et de la brièveté des jours accordés à notre fragile existence ;
« j'expliquerai cette souillure originelle qui déprave nos inclina-
« tions, peine accablante d'un crime commis par nos premiers pa-
« rents, bien que nous ayons aussi notre part de *culpabilité*. » (3)

Le cinquième vers, marque une époque de décadence: « addatur
» quanquàm nostrà de parte *reatus*. » Reatus est un de
ces termes abstraits dont notre langue abonde, et dont la
langue de Virgile est si avare ; mais nous demandons qu'il lui
soit fait grâce pour ce vers, le dernier du premier paragraphe :
« Vivit peccati moribunda in carne cicatrix. » « La cicatrice du
« péché reste vivante, imprimée dans une chair mortelle : »
L'image est belle, l'idée rendue avec précision, la construction

---

(1) S. Aviti. Ep. 45. « Litteras vidi quibus ser:bebatis placuisse vobis
« libellos quos inter occupationes seria et magis necessaria conscribendi, nihilo-
« minùs tamen de spiritalis historiæ gestis etiàm lege poematis lusi. »

(2) « De origine mundi. »

   (3) « Quidquid agit varios humana in gente labores,
    « Undè brevem carpunt mortalia tempora vitam,
    « Vel quòd polluti vitiantur origine mores,
    « Quos aliena premunt priscorum facta parentum,
    « Addatur quanquam nostra de parte reatus,..
    « Vivit peccati moribunda in carne cicatrix.,. »
     Poematum. Liv. 1. — V. 1. 13.

Virgilienne ; le plan chrétien du poéte apparaît dès le début noble et sans prétention.

Un des plus beaux passages du premier livre est celui où saint Avite peint Dieu tirant le monde du chaos : « Le Père tout puis- « sant a fait vibrer à peine sa parole souveraine, la terre et l'eau « jusque là confondues se séparent; les rivages resserrent l'Océan ; » leurs rives emprisonnent les fleuves... soudain la terre s'em- » bellit et se revêt de gazon... tout ce qui doit être créé reçoit « la vie, sur un ordre de Dieu, sans germe. La semence de « la création, c'est la *volonté* de Dieu. Ainsi sa parole féconde « fait verdir les forêts; en quelques instants, l'arbre porté sur de « tendres racines, étend ses vastes rameaux... Quand tout fut « fini et que l'Univers apparut dans la perfection et l'éclat de « ses ornements, le Père tout puissant, des hauteurs du ciel, posa « sur la terre son regard heureux, resplendissant d'une lumière « éternelle ; il parcourut tout : il se plut à contempler l'œuvre « dont il était lui-même l'ouvrier, et jeta un œil complaisant « sur ce monde qu'il avait disposé dans un ordre si admirable.» (1) L'expression : « Et semen voluisse fuit » est d'une énergique

---

(1) S. Avit. Poëme. L. 1.

  « Jam pater omnipotens librantis pondere verbi
  « Undique collectis discreverat arida lymphis,
  « Littoribus pontum constringens, flumina ripis :
  « Jàm proprias pulchro monstrabat lumine formas,
  « Obscuro sedente die, vario que colore
  « Plurima distinctum pingebat gratia mundum,
  « Pulchra repentino vestita est gramine tellus.
  « Accepere genus sinè germine jussa creari,
  « Et semen voluisse fuit. Sic ubere verbi
  « Frondescunt sylvæ ; teneris radicibus arbor
  « Duravit vastos parvo sub tempore ramos...
  « Ergò ubi completis fulserunt omnia rebus,
  « Ornatu que suo perfectus constitit orbis,
  « Tùm pater omnipotens æterno lumine lætum

briéveté ; elle rappelle certains passages de Lucain, d'une remarquable concision.

De Dieu le poète descend à l'homme :

« Dieu lui donne, par un éternel contrat, le monde à gouver-
« ner, la bête à dompter ; c'est lui qui imposera à tout des lois,
« des noms ; il observera les astres, connaîtra les voûtes du
« ciel et les étoiles, pourra élever ses regards, droit jusqu'aux
« cieux. »

Ici, l'imitation n'est indigne ni d'Ovide, ni de Virgile. Malheureusement, après ces vers, saint Avite tombe dans une
description minutieuse de l'homme ; ce n'est plus un poète,
c'est un anatomiste ; c'est surtout un écrivain de décadence
absorbé par les détails, comme Delille, et perdant de vue son
objet principal. Cependant il y a quelque mérite, même en sor-
ant du sujet, à triompher des difficultés d'une description
quelque fois embarrassante ; saint Avite est un versificateur habile, on pourrait dire un chrétien qui admire l'œuvre de Dieu
jusque dans ses moindre parties ; mais on n'oserait le nier, le
poète est dans son tort. Ne dit-il pas, en effet :

« (1) Dieu place la tête au lieu le plus élevé, et adapte aux

---

« Contulit ad terras sublimi ex æthere vultum,
« Illustrans quodcumque videt ; placet ipsa tuenti
« Artifici *factura* suo, laudat que Creator
« Dispositum pulchro quem condidit ordine mundum...
« Qui regat (*homo*) æterno subjectum foedere mundum ;..
« Astra notet, cœli que vias et sidera nôrit,..
« Accipiat rectos in cœlum tollere vultus. »

V. 14. — 70. — L. 1.

(1) M. de Lagrevol a rendu heureusement ces détails anatomiques, où se
plaît saint Avite :

« Au sommet de ce corps d'une forme nouvelle,
« Il adapte la tête, altière citadelle,
« Y concentre les sens, afin que rassemblés,

« besoins de l'intelligence le visage percé de sept trous. C'est
« là que s'exercent l'odorat, l'ouïe, la vue, le goût ; le toucher
« seul, juge et sent par tout le corps, et son énergie se répand
« dans tous les membres. »

Ces lignes donnent l'idée du reste. Mais l'homme à peine
né, debout, admire ce qui l'environne. On s'étonne que
saint Avite ait manqué cette occasion d'être poète ; il est sec.
Dracontius, dans son poëme intitulé : « Carmen de Deo, » a été
plus heureux ; il s'exprime ainsi :

« Adam jette les yeux sur tout ; ici, il admire une retraite
« délicieuse et fleurie, là, quatre fleuves aux ondes transpa-
« rentes ; elles s'écoulent, en retentissant contre les rives qui

---

« Ils soient toujours entr'eux, sagement contrôlés.
« Pour l'ouïe et le goût, l'odorat et la vue,
« Sur la face il ménage une élégante issue,
« Et pour que tous les nerfs convergent en faisceau,
« Il ouvre, sur sept points, le rempart du cerveau.
« Dans la bouche, surtout, prodiguant les merveilles,
« Il trace les contours de ces lèvres vermeilles.
« Dont le jeu s'accordant avec celui des yeux,
« Peindra nos sentiments, ou tristes ou joyeux ;
« D'un émail éclatant la bouche se décore ;
« Dieu trace les arceaux de ce palais sonore,
« Où la langue, tissu de cent muscles nerveux,
« Comme un serpent qui roule et déroule ses nœuds,
« Ou pareille à l'archet dont une main savante
« Se sert pour animer la corde frémissante,
« En imprimant dans l'air des mouvements réglés.
« Formera de la voix les sons articulés. »

Mémoires de l'Académie des sciences, belles-lettres et arts de Lyon,
p. 181. T. onzième.

(1) « Hinc arcem capitis sublimi in vertice signat,
« Septiforem vultum rationis sensibus optans,
« Olfactu, auditu, visu, gustu que potentem. » etc.
V. 82. s. q. L. 1.

« les pressent, à travers les bois et les arbres; mais ce qu'il
« est, pour quelle fin il est né, voilà ce qu'il désire savoir
« dans sa simplicité... Il ne sait où s'instruire... il n'a pas de
« compagnon avec qui il puisse échanger ses impressions..(1)»

Milton a rendu les mêmes idées avec une supériorité encore
plus marquée sur saint Avite. Adam parle lui-même : « Com-
« me nouvellement sorti du plus profond sommeil, je me trouvais
« étendu mollement sur l'herbe fleurie... (2) Je tourne aussitôt
« vers le ciel mes yeux étonnés ; quelque temps je contemple,
« en extase, le spacieux firmament ; puis levé soudain par une
« instinctive et rapide impulsion, je bondis, comme pour
« l'atteindre, et debout, je me tiens sur mes pieds. »

On peut regretter deux vers mal venus dans cette description :

« Une sueur odorante s'échappait de ma poitrine : le soleil,
« de ses rayons ardents, en dévorait la fumée... »

Ce n'est pas la seule fois que le poète Anglais tombera dans
les détails vulgaires, où fera de la science mal à propos.

Saint Avite inférieur, au moins dans plusieurs passages, à ses
émules, s'élève au-dessus d'eux, quand Dieu dit à l'homme :
« Ces biens, ne l'oublie pas, sont destinés à satisfaire tes
« besoins et non à recevoir tes hommages ; supérieur aux
« créatures, adore humblement le Créateur. » Seulement si

---

(1) « Tunc oculos per cuncta jacit, miratur amœnum
     « Hic florere locum, sic puris fontibus amnes
     « Quatuor, undisonas stringenti gurgite ripas
     « Ire per arboreos saltus, campos que virentes
     « Miratur : sed quid sit homo, quos factus ad usus
     « Scire cupit simplex, et non habet unde requirat :
     « Nam consorte carens, cum quo conferret, egebat. »
          Carmen de Deo. Liv. 1

(2) Milton, — Paradis perdu. — Ch. 8. P. 220. — (Pongerville.)

l'idée est belle, l'expression en est déparée par le mauvais
goût (1).

Adam s'endort ; à son réveil, il voit à ses côtés cette compagne tant désirée ; saint Avite n'a pas su la peindre, ni l'é-
motion du premier homme (2). A-t-il craint déveiller, dans
les cœurs, une sensibilité trop humaine ? Fénélon, après lui,
n'a pas redouté cet écueil... Mais Fénélon n'était pas en face
des Ariens, et sous leurs regards malveillants. Ici Dracontius
l'emporte encore sur saint Avite :

 « Elle se tient debout (3), devant les yeux d'Adam, sans
« voiles ; son corps nu a la blancheur de la neige ; c'est une
« nymphe des ondes : sa chevelure n'a jamais connu le fer ;
« une belle rougeur couvre ses joues ! Tout est beau en elle, ses
« yeux, son visage, son cou, ses mains ; elle est telle que pou-
« vait la former celui qui porte le tonnerre. »

Ces vers ont de la facilité, de la grâce, ce la douceur ; il
forment un tableau court, harmonieux. Heureusement, pour
saint Avite, qu'il répare ce qui lui manque du côté profane,
par une élévation d'idées que n'ont pas toujours ses rivaux :
il compare le mariage de nos premiers parents à l'union mys-
tique de Jésus-Christ avec l'Eglise ; il explique en ces termes.

---

(1)   « Usibus ista tuis, non cultibus esse memento ;
  « Præcellens *factis*, *factorem* pronus adora. »
    V. 143-144. L. 1.

(2)   « Erigitur pulchro genialis forma decore,
  « In que novum subitô procedit fœmina vultum. »
    V. 157-158. L. 1.

(3)   « Constitit antè oculos nullo velamine tecta,
  « Corpore nuda simul niveo, quasi nympha profundi,
  « Cæsaries intonsa comis, gena pulchra rubore,
  « Omnia pulchra gerens, oculos, os, colla manus que. »
    (Carmen de Deo. L. 1.) »

le sommeil d'Adam : « Le véritable sens de ce sommeil (1)
« fut dévoilé plus tard, par la mort que voulut bien endurer
« le Christ, en revêtant notre chair. Tandis qu'élevé sur le
« bois de son supplice, suspendu et cloué, il expiait les fautes
« des hommes, il eut le côté percé par la lance d'un licteur.
« De la blessure aussitôt jaillit l'eau, symbole du baptême qui
« devait vivifier les peuples, et des filets de sang, symbole du
» martyr. Et pendant les deux nuits qu'il reposa dans le tom-
« beau, l'Eglise, sortant de son côté, devint son épouse. »

« Saint Avite tire un merveilleux parti du sommeil d'Adam.
Du côté ouvert du premier homme sort la mère des hommes;
du flanc percé du Sauveur sort l'Eglise, la mère des âmes.
Ces figures, ces compositions, ce symbolisme ont été transmis, d'âge en âge, par la tradition de l'enseignement catholique
et donnent aux poëmes de nos auteurs, une autorité que ne
peuvent avoir les ouvrages, dans lesquels l'imagination fait
presque tous les frais » (2).

On peut ajouter à cet éloge une critique trop vraie; il est
fâcheux que les plus beaux passages, dans saint Avite, soient
déparés par des pointes puériles. Celle-ci aurait charmé les
précieuses d'une autre époque :

---

(1) « Istius indicium somni mors illa secuta est,
« Spontè sua subiit sumpto quam corpore Christus.
« Qui cum passurus ligno sublimis in alto
« Penderet nexus, culpas dùm penderet orbis,
« In latus extensi defixit missile lictor.
« Protinùs exsiliens manavit vulnere lympha,
« Qua vivum populis, jàm tùm spondente lavacrum...
« ... Indè quiescenti gemina dùm nocte jaceret,
« De lateris membro surgens *Ecclesia nupsit.* »

V. 160-170. L. 1.

(2) F. Clément : Les poëtes chrétiens, depuis le quatrième siècle jusqu'au
quinzième. — Morceaux choisis, traduits et annotés. — P. 326.

« *Pendebat* nexus, culpas dùm *penderet* orbis. » Ces fautes de goût sont fréquentes ; elles se ressemblent ; nous en diminuerons autant que possible la fatigante nomenclature.

Saint Avite raconte ensuite, comment Dieu bénit le mariage de nos premiers parents ; il met dans la bouche du Créateur les paroles que la Genèse adresse au nouvel époux :

« C'est pourquoi l'homme quittera son père et sa mère, et « s'attachera à son épouse, et ils seront deux dans une seule (1) chair. »

Le poète termine ce qui a trait à l'institution du mariage, par quelques vers gracieux : (2)

« C'est ainsi que le Seigneur les unit par des liens éternels.

« Tel fut le joyeux chant d'hyménée qu'il fit entendre pen-
« dant que les anges consacraient à la timide chasteté leurs
« chants mélodieux. Le Paradis servait d'appartement nuptial ;
« le monde était donné en dot, et les astres brillaient comme
« des flambeaux de joie. »

Jusqu'ici nous avons pu croire que saint Avite avait du poète religieux la gravité, la grandeur, et qu'il lui manquait, non la grâce, mais l'imagination. Ce serait une erreur ; plus élevé que Milton dans la peinture du premier hymen, il a dépassé le poète Anglais, dans la description du Paradis terrestre.

---

(1) « Ista parentales non rumpunt vincula curæ.
« Vita sed amborum carnem teneatur ad unam. »
V. 179-180. — L. 1.

(2) « Taliter æterno conjungens fœdere vota,
« Festivum dicebat hymen, casto que pudori
« Concinit angelicum, juncto modulamine, carmen.
« Pro thalamo paradisus erat, mundus que dabatur
« In dotem, et lætis gaudebant Sidera flammis. »
V. 186-190. L. 1.

« Pardelà l'Inde, là où commence le monde, où se joignent,
« dit-on, les confins de la terre et du ciel, est un asile élevé,
« inaccessible aux mortels et fermé par des barrières éternelles,
« depuis que l'auteur du premier crime en fut chassé , après
« sa chûte, et que les coupables se virent justement expulsés
« de leur heureux séjour : nulle alternative des saisons n'a
« ramené là les frimas ; le soleil de l'été n'y succède point aux
« glaces de l'hiver ; tandis qu'ailleurs le cercle de l'année nous
« rend d'étouffantes chaleurs, ou que les champs blanchissent
« sous les gelées, la faveur du ciel maintient là un printemps
« éternel ; le tumultueux Auster n'y pénètre point ; les nuages
« s'enfuient d'un air toujours pur et d'un ciel toujours serein. Le
« sol n'a pas besoin que les pluies viennent le rafraîchir, et les
« plantes prospèrent par la vertu de leur propre rosée ; la terre
« est toujours verdoyante, et sa surface qu'anime une douce
« tiédeur, resplendit de beauté ; l'herbe n'abandonne jamais
« les collines, les arbres ne perdent jamais leurs feuilles ; et,
« quoiqu'ils se couvrent continuellement de fleurs, ils réparent
« promptement leurs forces au moyen de leurs propres sucs ;
« les fruits que nous n'avons qu'une fois par an, mûrissent là,
« tous les mois ; le soleil n'y fane point l'éclat des lys ; aucun
« attouchement ne souille (1) les violettes ; la rose conserve
« toujours ses couleurs et sa gracieuse forme ; le baume odori-
« férant coule, sans interruption, des branches fécondes. Si
« par hasard, un vent léger s'élève, la belle forêt effleurée par
« son souffle, agite avec un doux murmure les feuilles et les
« fleurs, qui laissent échapper et envoient au loin, les parfums
« les plus suaves. Une claire fontaine y sort d'une source dont
« l'œil aperçoit, sans peine, le fond ; l'argent le mieux poli n'a
« point un tel éclat ; le cristal de l'eau glacée n'attire pas tant
« la lumière. Les émeraudes brillent sur ses rives ; toutes les

(1) « Nec tactus *violat violas.* »
Encore un jeu de mot puéril.

« pierres précieuses que vante la vanité mondaine, sont là,
« éparses comme des cailloux, émaillent les champs des couleurs
« les plus variées, et les parent comme d'un diadème naturel (1). »
(Trad. de M. Guizot.)

Sans doute, le passage où Milton peint le paradis n'est pas indigne de son génie ; mais des fautes de goût le déparent. En voici
les plus beaux vers : (2)

(1) « Ergò ubi transmissis mundi caput incipit Indis,
« Quo perhibent terram confinia jungere cœlo,
« Lacus inaccessa cunctis mortalibus arce
« Permanet, æterno conclusus limite, postquàm
« Decidit expulsus primævi criminis auctor,
« Atque reis dignè felici â sede revulsis,
« Cœlestes hæc sancta capit nunc aula ministros.
« Non hìc alterni succedit temporis unquàm
« Bruma, nec æstivi redeunt post frigora soles,
« Excelsus calidum cum reddit circulus annum,
« Vel densante gelu canescunt arva pruinis.
« Hìc ver assiduum cœli clementia servat :
« Turbidus auster abest, semper que sub aere sudo
« Nubila diffugiunt jugi cessura sereno.
« Nec poscit natura loci quos non habet imbres.
« Sed contenta suo dotantur gramina rore.
« Perpetuò viret omne solum, terræ que tepentis
« Blanda nitet facies ; stant semper collibus herbæ,
« Arboribus que comæ : quæ cum se flore frequenti
« Diffundunt, celeri confortant germina succo.
« Nàm quidquid nobis toto nunc nascitur anno,
« Menstrua maturo dant illìc tempora fructu.
« Lilia perlucent nullo flaccentia sole,
« Nec tactus violat violas, roseum que ruborem
« Servans perpetuo suffundit gratia vultu.
« Sic cùm desit hiems, nec torrida ferveat æstas,
« Fructibus autumnus, ver floribus occupat annum. »
V. 229-270. L. 4.

(2) Milton. — Paradis Perdu. — ch. IV.

« Délicieux et champêtre séjour (1), où la variété entretient le
« charme de la vue, bosquets dont les riches arbrisseaux dis-
« tillent des larmes de baume et de gomme parfumée ; bocages
« dont le fruit à l'écorce d'or brillant, est suspendu riant et dé-
« licieux ! Fable du jardin des *Hespérides*... Si ton prodige est
« vrai, c'est ici seulement... Entre ces beaux arbres étaient
« semées des clairières, des pelouses dont les troupeaux pais-
« saient l'herbe tendre. Là, des monticules s'élevaient, couronnés
« de hauts palmiers ; là, le gazon fleuri des vallons humectés
« déployait ses trésors ; là, se balançaient des fleurs diversement
« colorées, et sans épine brillait la rose. D'un autre côté, s'ou-
« vraient des grottes, des antres où régnait la fraîcheur des
« ombrages épais ; la vigne riante les enveloppait de son man-
« teau. » Nous devons nous arrêter, sous peine d'entrer
en pleine mythologie, et de nous perdre avec Pan, les
Heures, les Grâces, dans les champs d'Enna, et les bois de
Daphné ; nous sommes tout étonnés de rencontrer dans ce Paradis terrestre, où Dieu parla seul à l'homme, les Dieux du
Paganisme qui n'étaient pas nés. On peut avoir du goût, en Angleterre ou en Allemagne, comme on peut en manquer, même
en France ; mais le goût, né sous le ciel pur de la Grèce, n'en a
pas moins passé chez nous comme un héritage.... Notre bon goût
et notre bon sens, dans nos jours de sérénité morale, ont donné
le ton aux lettres et achevé la civilisation. Saint Avite a déjà notre
délicatesse.

Toutefois, ni lui, ni Milton, n'ont eu ici l'heureuse idée de
Marius Victor qui fait chanter, par la forêt, une hymne de louange
à la Divinité :

---

(1) M. Victor Cucheval, auteur d'une thèse latine, intitulée : « De sancti
« Aviti Viennæ Episcopi operibus Commentarium. » a traduit avec un rare
bonheur, ce passage de Milton et plusieurs autres, en vers latins :

« De sancti Aviti etc. » p. 68 et 72.

« Insensiblement (1), toute la forêt agitée par un doux frémis-
« sement, sent ses feuilles s'émouvoir et s'animer ; elle chante
« une hymne à la divinité ; le souffle de la brise module des
« chants ; pas un atôme de l'air qui ne réponde, par ses
« accords, aux mouvements de la brise ! »

Saint Avite décrit ensuite les quatre (2) fleuves qui traversent
le paradis terrestre, et les fécondes inondations du Nil. Il est à
regretter qu'à propos d'Adam, le poéte nous parle de Memphis ;
mais il y a de jolis vers, ceux-ci entr'autres :

« Sous un ciel sans nuage, une pluie terrestre se répand de
« toutes parts... Tout est nivelé par l'arrêt du fleuve, qui, en re-
« couvrant les bornes, suspend les procès de l'année. Le berger
« voit avec bonheur, s'abîmer les pâturages qu'il connaissait... »

Malheureusement « l'eau se marie à la terre altérée » , et n'aurait-il pas mieux valu que le poëte nous peignît le Nil errant dans
les plaines désertes, habitées par le premier homme seulement
et sa compagne, visitées par Dieu lui-même ? Le tableau eût été
plus grand, plus original, plus vrai !...

Le Camoëns, après saint Avite et Milton, Le Tasse, dans sa
Jérusalem, quoique leur sujet fût différent, se sont exercés aussi

---

(1) « Quæque tumens blando sensim jactata fragore,
« Commotis trepidat foliis, sonat arbore cuncta
« Hymnum sylva Deo, modulata que sibilat aura
« Carmina, nec vacuus vanum quatit æthera motus. »
Cl. Mar. Victor.
Commentarium in Genesin. — V. 234, s. q. L. 1.

(2) « Nàm quotiès tumido perrumpit flumine ripas
« Alveus, et nigros campos perinundat arenis,
« Ubertas laxatur aqua, cœlo que vacante,
« Terrestrem pluviam diffusus porrigit amnis ;
« Tunc inclyta *latet lato* sub gurgite Memphis,
« Et super absentes possessor navigat agros. » etc
V. 284-289. L. 1.

à peindre un véritable Paradis terrestre ; il n'est pas sans intérêt d'opposer leurs peintures aux tableaux précédents.

Dans la Lusiade, les Portugais naviguant vers leur patrie, abordent dans une île flottante, que Vénus rend immobile. « Soudain « tous les vaisseaux tournent la proue vers cette île, dont la rive « tranquille leur offre un abri. La côte est couverte d'un sable « blanc et parsemé de coquillages colorés. Trois collines couver- « tes de verdure s'élèvent en amphithéâtre et de leur sommet des- « cendent des eaux murmurantes qui coulent entre des roches « blanches comme le marbre, vont se réunir dans un vallon dé- « licieux et y forment un bassin transparent. Des arbres plantés « autour inclinent doucement leur tête, comme s'ils se plaisaient « à voir leurs superbes feuillages répétés dans le cristal liquide. « D'autres élèvent leurs têtes chargées de fruits odoriférants.... « Accablé sous le poids de son fruit jaunissant, le citronnier se « penche vers la terre, et les limons semblables à ces monts « ravissants arrondis sur le sein des vierges, exhalent leur par- « fum dans l'air embaumé. Une foule d'arbres champêtres, ré- « pandus de tous côtés, couvrent les collines de leur épaisse « chevelure, et offrent sous leur ombrage une fraîcheur volup- « tueuse.... La cerise vêtue de pourpris, la mûre qui doit sa « couleur noire au malheur de deux amants.... la grenade qui « montre en s'ouvrant les rubis de son sein.... toutes ces riches- « ses de la nature étonnent et enchantent les Portugais... toutes « ces fleurs et mille autres encore émaillent et embellissent la « prairie ; et l'on ne sait si c'est l'aurore qui leur donne tant « d'éclat ou si elles-mêmes relèvent la beauté du jour. »

Trop de fleurs, trop de fruits, trop de mythologie déparent ce paradis en miniature, assez sensuel, (1) et qui pourrait faire

---

(1) « Les nymphes se promenaient dans les bocages, etc. »
Pour présenter un tableau plus attrayant, nous avons négligé les passages qui rappelaient Daphné, Pomone, etc.
La Lusiade, chap. IX. Traduction de Laharpe.

rêver un gourmand ou un amoureux. Quelques traits d'une exquise délicatesse, n'empêchent point d'y respirer les Dieux et leurs vices, en plein Christianisme. C'est un Paradis digne de la renaissance et de l'art assez païen qu'elle inaugurait ; le poète n'efface point Milton, encore moins saint Avite, religieux au début de sa description, toujours pur, et plus varié.

Le Tasse a aussi peint une sorte de Paradis ; il a dans l'imagination plus d'éclat que notre poète chrétien, il porte dans la peinture de l'amour plus de vraie sensibilité que Le Camoëns ; mais nous n'hésitons pas à croire, (même en tenant compte de la différence des sujets, et sans vouloir reprocher au poète Italien, la description d'une passion funeste), que le tableau riant, animé, gracieux, paisible des lieux témoins d'un bonheur innocent, fait sur le cœur un effet moins immédiat, moins sensible, mais plus doux et plus durable, que la peinture éclatante et dramatique, d'un amour violent, dans un paradis voluptueux, énervant, j'oserais dire, fatigant. Le Tasse met en scène deux guerriers à la recherche de Renaud ; ils pénétrent dans le jardin d'Armide : (1)

« Ils s'avancent... soudain, voilà que devant eux
« S'offrent dans tout l'éclat de leur magnificence
« Ces jardins, qui d'Armide attestant la puissance.
« O quel mélange heureux de mobiles ruisseaux,
« De gazons émaillés, de jeunes arbrisseaux !
« Ici de frais vallons, là, de riants bocages,
« Emaillés de parfums, de verdure et d'ombrages ;
« Mille jeunes tribus de plantes et de fleurs
« Dont le cristal des eaux voit flotter les couleurs ;
« Des cavernes, des lacs, des grottes, des fontaines,
« Des coteaux, de grands bois, et de fertiles plaines.

(1) La Jérusalem délivrée. Chant seizième. Traduction de M. Baour-Lormian.

« L'art qui de la nature emprunte le pouvoir
« Jamais, en l'imitant, ne se laisse entrevoir ;
« D'un aimable larcin déguise l'imposture ;
« Semble de tous ses droits investir la nature,
« Et prête à ce séjour par lui seul habité,
« Un charme de mollesse et de simplicité.
« L'air féconde les fleurs ; l'air, à la voix d'Armide,
« Encourage l'essor de la sève timide ;
« Et les fleurs et les fruits qu'il réchauffe en son cours,
« Dans un ordre constant se succèdent toujours.
« Sur le même rameau la pomme jaunissante
« Voit blanchir le duvet de la pomme naissante;
« Plus loin, sur le sommet des coteaux lumineux
« La vigne de son pampre entrelace les nœuds,
« Prodigue ses bourgeons, avec orgueil étale
« De ses grains transparents la fraîcheur végétale,
« Et suspend autour d'elle en un riche appareil
« Ses grappes de rubis qu'enflamme le soleil.
« Mille oiseaux différents de voix et de plumages
« En soupirs amoureux confondent leurs ramages.
« Chantent-ils ? le zéphyr s'arrête au même instant :
« Quils se taisent, soudain le zéphyr inconstant
« Reprend son vol léger, redouble son murmure,
« Fait frémir les ruisseaux, les forêts, la verdure,
« Et des bruits inconnus, vagues, mystérieux,
« Remplacent des oiseaux les sons harmonieux :
« De ces chantres aîlés, le plus beau voit ses aîles
« S'émailler de couleurs incessamment nouvelles,
« Et sa voix est fertile en soupirs ravissants,
« Qui de la voix humaine imitent les accents;
« Le pourpre de son bec a l'éclat le plus tendre.
« Il chante : les oiseaux se taisent pour l'entendre ;
« Les jardins font silence, et les zéphys charmés
« Retiennent, dans les airs, leurs souffles embaumés.

Ce paradis des oiseaux et de l'amour, charme plus les sens que

le cœur ; il trouble l'âme, il la passionne ; nous sommes loin
des majestueuses solitudes décrites par saint Avite ; Le Tasse
n'est-il pas un imitateur de Lucrèce dans ces vers :

> « Tout s'unit, se confond, s'enlace, se marie.
> « Une sève d'amour inonde, à flots errants,
> « Les prés, les bois, les fleurs, les vallons odorants.
> « Le lierre au bras flexible enveloppe le chêne ;
> « Tout ce peuple d'amants forme une étroite chaîne,
> « D'un long embrassement savoure le plaisir,
> « Et tremble, tourmenté des frissons du désir.

Loin d'être un imitateur, l'évêque de Vienne, décrit le premier
séjour de l'homme avec un charme naturel, tout-à-fait d'accord,
(malgré quelques fautes, « quas humana parùm cavit natura »)
avec la simplicité du monde naissant. Saint Avite a plus d'am-
pleur que ses émules ; un jour, sans le savoir, Fénélon, dans
sa riche description de la Bétique, sera l'imitateur le plus heureux, le plus naturel, le plus délicat, le plus gracieux d'un poète
qu'il ne connut pas. sans doute.

Le premier chant, sur l'Origine du monde, finit par la défense
que *Dieu* fait à Adam et à Eve, de toucher au fruit défendu.
Ils promettent d'obéir. Dans Milton, c'est Adam qui fait part à sa
compagne de cet ordre divin, ce qui donne lieu à un dialogue
intéressant. Saint Avite resté fidèle à la Genèse, est plus grand
que le poète Anglais, grâce à l'acteur sublime qu'il ne sépare
jamais de son drame.

En résumé, malgré des pointes, des antithèses puériles, des
jeux de mots, des termes abstraits, saint Avite brille par l'élévation religieuse et la profondeur ; il ne manque même ni de grâce
ni d'élégance, ni d'imagination ; il offre, au moins, une description admirable, dans ce premier chant, celle du Paradis Terrestre ; une fidélité trop scrupuleuse au texte sacré, contraint plus
d'une fois son génie, et appauvrit son inspiration, trop noble pour
descendre, même jusqu'à la peinture des chastes amours de nos
premiers parents.

Saint Avite n'a pas le génie de Milton ; il a cependant, en quelques passages, plus de délicatesse, plus de goût, et il le surpasse, sans aucun doute, par l'unité religieuse de la composition ; mais le talent du poéte Viennois semble parfois s'épuiser ; son œil ne sait pas toujours découvrir les sources du beau. A ses divers mérites il ajoute peut-être le bonheur d'avoir inspiré ou aidé Milton. (1) Il convient de dire encore que le versificateur, si modeste dans ses prétentions, parle souvent la langue poétique de la grande Epoque, et qu'il est le plus classique, ce serait une injustice de dire, le moins barbare des poétes du cinquième siècle...

DEUXIÈME CHANT.

LE PÉCHÉ ORIGINEL.

Le deuxième chant traite du péché originel. Adam et Eve jouissent en paix, des délices du Paradis terrestre. Il est à regretter que le poéte ait, plus que de raison, et dès les premiers vers, attaché leur bonheur à ces mille fruits qui pendaient des arbres, et qui, cueillis (2), étaient remplacés par des fleurs, es-

---

(1) Milton avait une érudition prodigieuse, et l'écrivain qui fouilla les manuscrits d'Exeter « pour en tirer, dit M. Ampère, une comparaison des plus bizarres » pouvait bien avoir connu le manuscrit de saint Avite, depuis longtemps écrit et multiplié dans divers manuscrits.

Ampère. — Histoire littéraire de la France au cinquième siècle. T. 2. P. 184.

(2) « Utitur intereà, venturi nescia casus,
« Libertas secura bonis, fruitur que beata
« Ubertate loci. Largos hinc porrigit illis
« Tellus prompta cibos : fruticis quin altor opimi
« Sumitur assiduus tenui de cespite fructus.
« At si curvati fecundo prondere rami

pérance de nouveaux fruits. Cependant le bonheur de nos parents, (malgré un goût exagéré pour les biens que la nature prodigue à leurs lèvres) est parfait comme leur innocence. « Ils ne
« connaissent (1) pas même la pudeur née de la honte et du
« mal » ; mais l'heure de l'épreuve approche. Satan chassé du
ciel pour son orgueil, Satan qui conserve encore quelque chose
de sa nature angélique (2) et comme un rayon de sa puissance, arrive au seuil du paradis ; l'aspect du bonheur d'Adam et d'Eve le
bouleverse. « Lorsqu'il vit (3), dit le poéte, les nouvelles créatures
« mener dans un séjour de paix, une vie heureuse et sans nuage,
« sous la loi qu'elles avaient reçue du Seigneur, avec l'Empire de
« l'Univers, et jouir au sein des tranquilles délices, de tout ce qui
« leur était soumis, l'étincelle de la jalousie éleva dans son âme
« une vapeur soudaine, et son brûlant chagrin devint bientôt un
« terrible incendie. Il y avait alors peu de temps qu'il était tombé
« du ciel et avait entraîné dans les bas-lieux la troupe liée à son
« sort. A ce souvenir, repassant dans son cœur son ancienne dis-
« grâce, il lui sembla qu'il avait perdu davantage, puisqu'un autre
« possédait de tels biens, et la honte se mêlant à l'envie, il épan-
« cha, en ces mots, ses amers regrets :

« O douleur ! Cette œuvre de terre s'est tout-à-coup élevée de-
« vant nous, et notre ruine a donné naissance à cette race

« Mitia submittunt sublimi ex arbore poma.
« ... Sic epulas tamen bi capiunt, escam que requirunt,
« Compellit quod nulla fames, nec lassa fovendo
« Indigus *hortatur compleri viscera venter...* »
    L. 2. — V. 1-16.

(1) « Non natura hominis, vitium sed causa pudori est. »
    L. 2. — V. 22.

(2) « Angelici fervens superest natura vigoris »
    L. 2. V. 54.

(3) « Vidit ut iste novos homines, in sede quieta,
« Ducere felicem, nullo discrimine, vitam

« odieuse ! Moi, vertu, j'ai possédé le ciel, et j'en suis maintenant
« expulsé et le limon succède aux honneurs des anges ! Ce peu
« d'argile, arrangé sous une forme mesquine, règnera donc, et la
« puissance qui nous a été ravie, lui a été transférée !... mais non,
« nous ne l'avons pas perdue tout entière ; la plus grande partie
« nous en reste ; nous pouvons, nous savons nuire : ne différons
« donc pas ; ce combat me plaît ; je l'engagerai dès leur première
« apparition, tandis que leur simplicité, qui n'a éprouvé encore au-
« cune ruse, les ignore toutes et s'offre à mes coups.
« Il sera plus aisé de les abuser, pendant qu'ils sont seuls,
« et avant qu'ils aient lancé dans l'éternité des siècles une pos-
« térité féconde. Ne permettons pas que rien d'immortel reste sur
« la terre ; faisons périr la race dans sa source ; que la défense de
« son chef devienne une semence de mort ; que le principe de la
« vie enfante les angoisses de la mort : que tous soient frappés
« dans un seul : la racine conpée, l'arbre ne s'élèvera point. Ce sont
« là les consolations qui me restent à moi déchu! Si je ne puis re-
« monter aux cieux, qu'ils soient fermés du moins pour ceux-ci ; il

---

« Lege sub accepta Domino famularier orbis,
« Subjectis que frui placida inter gaudia rebus :
« Commovit subitum zeli scintilla vaporem,
« Excrevit que calens in sæva incendia livor.
« Vicinus tùnc fortè fuit, quo concidit alto,
« Lapsus et innexam traxit per prona catervam;
« Hoc recolens, casum que premens in corde recentem,
« Plus doluit periisse sibi quod possidet alter.
« Tùnc mixtus cùm felle pudor sic pectore questus
« Explicat, et tali suspiria voce relaxat :
« Proh dolor, hoc nobis subitum consurgere plasma,
« Invisum que genus nostra crevisse ruina,
« Me celsun virtus habuit, nunc ecce rejectus
« Pellor, et angelico limus succedit honori.
« Cœlum terra tenet, vili compàge levata,
« Regnat humus, nobis que perit translata potestas.
« Non tamen in totum periit: pars magna retentat
« Vim propriam, summa que cluit virtute nocendi. »
L. 2-V. 77-96.

« me semble moins dur d'en être tombé, si ces créatures nouvelles
« se perdent par une semblable chûte. Mais pour les attirer sans
« peine, il faut que moi qui suis tombé si bas, je leur montre la
« route que j'ai suivie volontairement, que le même orgueil qui
« m'a chassé du royaume céleste, chasse l'homme de l'enceinte
« du Paradis. » Il parla ainsi et se tut en poussant un profond
gémissement (1). » — (Traduction de M. Guizot.)

Jamais la logique du mal n'a été si puissante ; jamais les regrets, sans repentir, d'un bonheur perdu, jamais le désespoir
n'ont été peints dans un langage plus expressif. Le démon pour
être sans pitié, n'en est pas moins émouvant ; on est tenté de
plaindre ce malheur irréparable, d'admirer cet orgueil qui n'est
pas sans grandeur. On tremble pour l'homme encore heureux, et

---

(1) « Nec differre juvat ; jàm nunc certamine blando
  « Congrediar, dùm prima salus, experta nec ullos
  « Simplicitas ignara dolos, ad tela patebit,
  « Et meliùs soli capientur fraude, priusquàm
  « Fecundam mittant æterna in sæcula prolem.
  « Immortale nihil terra prodire sinendum est :
  « Fons generis pereat, capitis dejectio victi
  « Semen mortis erit : pariat discrimina lethi
  « Vitæ principium ; cuncti feriantur in uno :
  « Non faciet vivum radix occisa cacumen.
  « Hæc mihi dejecto tandem solatia restant.
  « Si nequeo clausos iterùm conscendere cœlos,
  « His quoque claudentur : leviùs cecidisse putantum est,
  « Si nova perdatur simili substantia casu,
  « Si comes excidii subeat consortia pœnæ
  « Et quos prævideo nobiscum dividit ignes.
  « Sed nè difficilis fallendi causa putetur ;
  « Hæc monstranda via est, dudùm quam sponte cucurri
  « In pronum lapsus ; quæ me jactantia regno
  « Depulit, hæc hominem paradisi limine pellet.
  « Sic ait et gemitus vocem clausêre dolentis. »

L. 2. V. 97-117.

déjà perdu, dans notre pensée. Le Satan de saint Avite est simple, profond et dramatique :

Milton a décrit aussi l'ennemi des hommes au seuil du Paradis ; (1) voici le passage du poéte Anglais :

« O Enfer, quel spectacle frappe ici mes yeux attristés ! quoi !
« déjà à notre place et déjà si haut dans le bonheur, ces créa-
« tures si différentes de nous, sorties peut-être du limon de la
« terre ! et déjà, si près de la Divinité, sans être divines ! je
« les contemple avec étonnement ; je sens que je pourrais les
« aimer, tant brille en elles la ressemblance divine, tant la main
« qui les forma répandit de grâces sur leurs formes !.. Ah ! couple
« heureux ! tu ne soupçonnes guère les maux qui vont fondre sur
« toi ; ta prospérité va s'évanouir comme un rève ; la félicité dont
« tu jouis, te rendra ton malheur plus sensible. Hôtes heureux,
« mais trop mal gardés pour goûter, en paix, votre bonheur !
« ce séjour élevé, votre ciel, n'est pas fortifié, comme il convient
« à un ciel, et de manière à se fermer devant un ennemi tel
« que celui qui maintenant y est entré. Hélas ! je suis votre
« ennemi ; pourtant je ne vous hais point, et même en vous
« voyant ainsi abandonnés, j'ai pitié de vous, moi dont on
« n'a pas eu pitié ! Je désire former avec vous une alliance,
« une amitié mutuelle, si intime, si resserrée que désormais
« j'habite avec vous, ou que vous habitiez avec moi. Ma demeure
« ne vous paraîtra pas, sans doute, aussi agréable que ce riant
« paradis ; cependant, acceptez-la ; elle est aussi l'ouvrage de
« votre créateur ; il me l'a donnée : non moins généreux je vous
« la donne aussi. Pour vous recevoir tous deux, l'enfer ouvrira
« ses plus larges portes, et enverra tous ses princes à votre ren-
« contre. Là, vous ne logerez pas dans d'étroites limites, vous et
« votre innombrable postérité... C'est en vain que votre innocence
« m'attendrit, malheureux ! ma juste fureur, ma soif de ven-
« gence, le bien *public*, ce royaume qu'il faut agrandir des

(1) Milton Paradis Perdu. Ch. 4. P. 115.

« dépouilles de l'Univers soumis, me condamnent à ourdir un
« complot, dont j'aurais horreur, si je le pouvais, (1) malgré
« mon exil, et tout damné que je suis !...

Cette dernière expression porte la terreur dans l'âme ; elle
est sublime et finit dignement un monologue où le repentir,
l'orgueil, le désespoir, la pitié, l'ironie se mêlent de façon à tenir
toujours l'esprit en suspens. L'effet est dramatique ; mais la
combinaison des sentiments est trop savante peut-être , pour
émouvoir l'âme profondément. Du reste, le caractère de Satan
est-il dépeint avec exactitude ? N'est-ce pas plutôt un homme
qu'un ange déchu ? Ces indécisions de l'orgueil sont-elle
probables ? Quand le démon, tel que nous l'imaginons, a-t-il jamais eu pitié de l'homme ? Saint Avite est resté dans le vrai,
dans la foi, sans cesser d'être poëte et pathétique.... Milton,
sorti du monde surnaturel, s'est laissé aller à nous peindre, un
de ces *démons*, qu'il avait vus, qui nous côtoient, mais qui
n'ont pas l'inaltérable constance du démon plus puissant de
l'Ecriture. Il a fait, sans doute, un type de quelqu'un de ses
souvenirs, lui qui avait mené une vie si agitée et traversé l'enfer
d'une révolution !...

Bientôt le tentateur, sous la forme d'un serpent, se met
à l'œuvre ; il s'avance dans l'Eden : « Des feux terribles (2)
« jaillissent de ses yeux ; tantôt charmé de son regard perçant,
« il prend plaisir à s'habituer aux rayons du soleil ; tantôt il si-
« mule des jeux trompeurs ; de sa gorge s'échappent fréquem-
« ment des sons harmonieux ; il jette en avant sa lance au triple
« dard. »

---

(1) J'ai emprunté plusieurs passages de cette traduction à M. l'abbé Parizel. —
Saint Avite évêque de Vienne... etc. — Louvain 1859.
  (2) « Dira micant oculi : tùm lumine visus acuto
    « Lætior optatum discit consuescere solem.
    « Nunc simulat blandum, crebro ceu carmine fauces
    « Ludunt, et trifidam disperdunt guttura linguam. »
         L. 2. V. 132-135.

Il aborde la femme, dont la crédule vanité offre plus de res-
sources à la tentation ; « Heureuse créature, dit-il, gloire du
« monde, vierge dont l'incomparable beauté brille des roses de
« la pudeur ; de vous sortira le genre humain : l'univers entier
« attend que vous deveniez mère. Vous êtes la première et la véri-
« table joie, la consolation de l'homme ; sans vous, il ne vivrait
« même pas : s'il vous est supérieur, ce cher compagnon, il est
« votre sujet par l'amour ; cet amour le rendra père. Votre de-
« meure est digne de vous, sur les sommets du Paradis. Le monde
« entier vous est assujetti et vous sert en tremblant.... J'admire
« votre sort, sans en être jaloux ; mais pourquoi votre main, libre
« d'ailleurs, doit-elle s'abstenir de toucher à cet arbre précieux ?
« Qui donc a porté cet ordre cruel ? Qui vous envie un tel tré-
« sor ? » (1) Telles furent les insidieuses paroles que siffla le
serpent.

Ce discours, tout flatteur qu'il est, n'est-il pas court et trop
brusque ? Le serpent n'a-t-il pas plus de détours ? La femme lui
répond dans un langage où se mêlent la reconnaissance pour le
Créateur, la vanité et la curiosité. Elle veut savoir ce que c'est
que la mort ; le serpent redouble d'habileté et de douceur :
« (2) La mort, dit-il, n'est qu'un mot inventé par un père jaloux :

---

(1) « O felix, mundi que decus, pulcherrima virgo,
  « Ornat quam roseo præfulgens forma pudore,
  « Tu generi ventura parens, te maximus orbis
  « Exspectat matrem : tu prima et certa voluptas,
  « Solamen que viri, sinè qua non viveret ipse...
  « Non equidem invideo, miror magis : ut tamen unà
  « Contineat liber dulci super arbore tactus,
  « Scire velim quis dira jubet. »
                                    L. 2. V. 145-159.

(2) « Terroris vacuum formidas fœmina nomen,
  « Non veniet vobis rapidæ sententia mortis :
  « Sed pater invisus Sortem non contulit æquam...
  « Nàmque hoc quod vetitum fórmidas tangere pomum,
  « Scire dabit quæcumque pater secreta reponit...
                                    L. 2. V. 185-197.

« ce fruit défendu vous donnera, Eve, la science immortelle ;
« plus de secrets pour vous ! Vous serez l'égale de Dieu. » La
femme hésite et commence à douter de la mort. Eve est la première sceptique. Une lutte violente, habilement décrite, s'engage
dans son âme.

« La femme (1) trop crédule, ne repousse pas le funeste présent ;
« elle tend les mains et saisit le fruit mortel : tantôt elle le flaire,
« tantôt elle le porte à ses lèvres entr'ouvertes ; ignorante ! Elle
« joue avec la mort future ! » L'incertitude d'Eve est bien rendue,
la gradation savante.

« Elle succombe enfin ; (2) elle rassasie le serpent de la nourriture
« qu'elle prend elle-même ; elle est tombée dans le piège et
« dévore la pomme ; le poison s'infiltre doucement ; l'horrible
« mort est prise avec la nourriture. L'astucieux serpent contient
« d'abord sa joie ; un instant ce cruel vainqueur dissimule son
« féroce triomphe :

    • Dissimulat que ferum victoria sæva triumphum...... »
Ce dernier trait est heureux ; Adam est encore innocent ; la victoire
n'est pas complète ; un des caractère du mal, c'est souvent la
patience et la dissimulation, surtout si la haine est en jeu, et la

---

(1) • Nec spernit miserum mulier malè credula munus.
    « Sed capiens manibus pomum lethale retractat.
    « Naribus interdum labiis que patentibus ultrò
    « Jungit, et ignorans ludit de morte futura. •

                              L. 2. V. 213-216,

(2) « Ut tandem victæ gravior sententia sedit,
    • Æternam tentare famem per criminis escam,
    • Serpentem satiare cibo quem sumeret ipsa,
    • Annuit insidiis, pomum que vorata momordit.
    • Dulce subit virus, capitur mors horrida pastu.
    • Continet hic primùm sua gaudia callidus anguis.
    • Dissimulat que ferum victoria sæva triumphum. •

                              L. 2. V. 228-234.

vengeance qui doit savoir attendre. Il est regrettable que l'expression ne soit pas à la hauteur de la pensée. Virgile aurait dit : « victor, » et non « victoria » ; il n'aurait pas employé le mot *triumphum* qui garde un sens plus restreint.

Mais Adam arrive, le cœur plein de joie ; (1) et cette joie nous cause une tristesse poignante ; Eve lui présente le fruit ; elle a perdu sa timidité et ses grâces naïves ; elle emprunte au serpent sa ruse et ses flatteries :

« Cher époux, (2) dit-elle, prends ce fruit arraché à l'arbre de
« la vie ; il te rendra semblable à celui qui *porte la foudre*, égal
« aux Dieux ; ce présent ne t'est plus offert par des mains igno-
« rantes ; je sais tout. Crois-moi, c'est un crime pour l'homme
« d'hésiter à faire ce que, moi femme, j'ai osé ; peut-être crai-
« gnais-tu de me précéder : suis-moi, du moins ; relève ton faible
« courage. Tu baisses les yeux ! Pourquoi retarder ton bonheur
« et dérober un temps si long à ta gloire future ? Adam ne résista
« pas à Eve. »

La brièveté de ces dernières paroles nous émeut. Adam cède par amour, mais aussi par générosité à la femme crédule et vaniteuse. Il ne sait pas hésiter, et sa faiblesse n'est pas sans

---

(1) « Conjugis amplexus atque oscula casta petebat. »

L. 2. V. 237.

(2) « Sume cibum dulcis vitali ex germine conjux,
« Quod similem summo faciet te fortè Tonanti,
« Numinibus que parem ; non hoc tibi nescia donum,
« Sed jàm docta fero ; primus mea viscera gustus
« Attigit, audaci dissolvens pacta periclo.
« Crede libens, mentem scelus est dubitasse virilem
« Quod mulier potui...
« Lumina cur flectis? cur prospera vota moraris?
» Accipit infelix malesuadi verba susurri. »

L. 2. V. 242-254.

vertu. Eve s'était rendue coupable; la suivre dans sa faute, c'était la suivre dans son malheur, et porter courageusement la peine de sa curiosité. Mais cette curiosité devait-elle embarquer le poéte dans une digression à perte de vue, sur la femme de Loth? Etait-ce le moment, quand nos premiers parents vont subir la colère divine, de faire des pointes puériles (1) ?

Saint Avite est plus habile quand il montre la postérité d'Adam occupée de magie et avide de pénétrer l'avenir dont Dieu s'est réservé le secret. Eve subit le châtiment de sa curiosité dans ses descendants (2).

Adam une fois coupable, l'esprit du mal, le serpent donne un libre cours à sa joie :

« Alors, sorti vainqueur du combat, le serpent joyeux agite
« la crête écarlate qui couvre sa tête écaillée; le sombre enfer
« laisse éclater le bonheur que lui cause son triomphe ; il insulte
« aux vaincus par ces paroles accablantes : Vous la tenez cette
« gloire divine que je vous ai promise ; tout ce que je sais,
« croyez-moi, vous le savez aussi ; c'est moi qui vous ai tout dé-
« voilé ; moi qui vous ai initiés à ces mystères. Le mal que vous
« refusait la nature intelligente, je l'ai établi chez vous, et je

---

(1) « Ex tunc insipido mulier præventa reatu
    « Plus salsum sinè mente sapit, quæ pungere sensus,
   « Exempli que potest salibus condire videntes. »

L. 2. V. 397-399.

(2) « Jàm magicam dignè valeat quis dicere fraudem,
    « Occultas tacito tentantem pectore vires, etc.
    « Spiritus erroris sed qui bacchatur in illis,
    « Ad consulta parat vanis responsa figuris,
    « Et nè porrecto dicantur singula verbo
    « Præsenti illusus, damnabitur ille perenni.
    « Judicio, quisquis vetitum cognoscere tentat. »

L. 2. V. 291-324.

« vous ai rendus mes complices ; désormais vous êtes, pour tou-
« jours, attachés à mon sort. Dieu même, qui vous a créés, n'a
« plus aucun droit sur vous ; qu'il garde ce qu'il a lui-même
« formé ; ce que j'ai instruit m'appartient et me reste : c'est la
« meilleure part. Vous devez beaucoup à votre Créateur, mais
« plus encore à votre maître. Il dit, et les laissant tous tremblants,
« il s'enveloppe d'un obscur nuage et disparaît au milieu des
« airs (1). »

Le serpent de Milton disparaît sans jouir de sa victoire. Saint
Avite a été ici plus complet, plus profond ; je ne crois pas qu'on
ait mieux peint ailleurs la *joie* de la haine. Le drame du poète
Chrétien, ne cesse point d'être surnarel et les derniers traits sont
les plus poignants ; le poète Anglais, au contraire, s'arrête trop
tôt ; il manque à son drame cette ironie de Satan victorieux,
qui glace le cœur terrifié et que rien ne surpasse !

---

(1)   « Tùm victor serpens certamine lætus ab ipso,
      « Puniceam crispans squamoso in vertice cristam,
      « Jàm non dissimulans quem presserat arte triumphum,
      « Acrior insultat victis, et talibus infit :
      « En divina manet promissæ gloria, laudis.
      « Quidquid scire meum potuit, jàm credite, vestrum est.
      « Omnia monstravi, sensum que per abdita dixi,
      « Et quodcunque malum solers natura negabat,
      « Institui, dextris que dedi conjungere lævam ;
      « Isthinc perpetua vosmet mihi sorte dicavi.
      « Nec Deus in vobis, quanquàm formaverit antè,
      « Jàm plus juris habet ; teneat quod condidit ipse,
      « Quod docui mecum est : major mihi portio restat.
      « Multa creatori debetis, plura magistro.
      « Dixit, et in media trepidos caligine linquens,
      « Conflictum periit linquens per nubila corpus. »

                              L. 2, V. 408-423.

TROISIÈME CHANT.

LE JUGEMENT DE DIEU.

Adam et Eve, pleins du remords et de la honte de leur crime, se réfugient dans une forêt, et voilent leur nudité avec des ceintures de feuillage. « La robe de la honte, dit Milton, au lieu de « les couvrir, les découvre d'avantage. »

Saint Avite débute ainsi : « C'était (1) au moment où le « soleil avait accompli la moitié de sa course ; il s'inclinait déjà « loin du sommet le plus élevé des cieux ; déjà la nuit s'appro- « chait, précédée d'un vent léger. »

Cette heure du jour, cette description gracieuse du calme dont jouit la nature, ajoutent par le contraste, au trouble et à l'agitation des deux coupables. Le paradis n'a plus de charmes pour eux ; ils y voient partout leur crime et la mort ; ils s'enfuient dans les ténèbres d'un bois. Mais soudain « les époux (2) terrifiés

---

(1) « Tempus erat quo sol medium trancenderat axem,
« Pronus et excelsi linquens fastigia *centri,*
« Vicina jàm nocte leves præmiserat auras »
       L. 3. V. 1-3.

(2) « Protinús attonitis senserunt auribus ambo
« Præsentem Dominum : tristi tùm luce perosam
« Expavere diem detecto in crimine testem.
« Illos nàm vastis specubus si fortè barathrum
« Panderet, aut subitum tellus montraret hiatum,
« Non pigeat prono trepidos descendere saltu :
« Et si suppeteret jàm tûm sententia lethi,
« Hanc etiam reparet solandi cura pudoris.
« Sic miseri mortem, nondùm discrimine notam,
« Cùm primùm meruere, volunt ; exordia finem
« Signant. »   L. 3. V. 29-41.

« sentent la présence du Seigneur ; la triste lumière leur devient
« alors odieuse ; ils redoutent le jour témoin et dénonciateur de
« leur faute. Si la terre, se déchirant tout-à-coup, découvrait les
« vastes profondeurs de ses abîmes, ils n'hésiteraient pas dans
« leur épouvante, à s'y précipiter..; la mort, dont ces malheu-
« reux ignorent encore les angoises, devient l'objet de leurs vœux,
« dès qu'ils l'ont méritée ; le berceau du monde offre une image
« anticipée de la désolation qui marquera la fin des temps. »

Leur effroi est si grand qu'on peut le comparer à celui des
mortels au jugement dernier ; mais Dieu parle ; c'est à Adam
qu'il s'adresse :

« A quoi bon, (1) malheureux, détourner les yeux de ton
« juge? Tu ne vois pas Dieu, mais Dieu te voit; pourquoi t'effor ·
« cer de ne le point voir ? Le radieux soleil n'est point obscurci,
« parce que les yeux doivent se baisser devant la lumière, et
« sont trop faibles pour supporter l'éclat de son disque éblouis-
« sant. »

Les derniers vers sont beaux et peignent bien l'impuissance
récente de l'homme, humilié devant cette nature dont il était le
souverain.

Adam, glacé d'effroi, répond à peine quelques mots d'une voix
tremblante. Mais après ce premier instant de faiblesse, l'orgueil
le redresse et lui rend la voix :

« Hélas (2) ! dit-il, c'est donc pour me perdre que cette

---

(1) « Quid juvat, infelix, oculos à judice flecti ?
 « Te judex cernit : nolis cur ipse videre,
 « Cùm videare palàm? Solem non fuscat amœnum,
 « Si depressa gravem formidant lumina lucem,
 « Debilis et clarum visus non sustinet orbem. »
     L. 3. V. 69-73

(2) « Heu ! malè perdendo mulier conjuncta marito,
 « Quam sociam misero prima sub lege dedisti,

« femme fut unie à mon existence ! Celle que ton ordre m'a
« donné pour compagne, c'est elle qui, vaincue elle-même m'a
« vaincu par ses funestes conseils. C'est elle qui m'a persuadé
« de goûter ce fruit qu'elle connaissait déjà. Elle est la source
« du mal d'où est sorti le crime. J'ai été crédule, mais c'est
« toi qui m'as rendu confiant dans cette femme, en m'attachant
« à elle par des nœuds pleins de charme. Heureux si j'avais
« consumé ma vie solitaire, sans jamais connaitre les liens de
« l'hymen, sans être jamais soumis à cette fatale compagne. »
Telles étaient les plaintes de l'homme irrité.

Dans Milton, Adam au lieu d'éclater en reproches contre Dieu,
accable sa compagne du poids de sa colère et de son mépris ; on
dirait vraiment, tant le poête Anglais y met d'acharnement et
d'ironie vulgaire, de brutalité même, qu'il venge une injure per-
sonnelle. Adam, comme l'a conçu saint Avite, est plus vrai et plus
d'accord avec lui-même ; cette femme qu'il aime et qui a causé
sa première faiblesse, il n'ose pas, il ne veut pas l'injurier ; il se
sent vis-à-vis d'elle, malgré ses plaintes, les devoirs d'un protecteur et peut-être aussi la soumission d'un vaincu ; ce qu'il y a
d'orgueil, en lui, s'adresse à Dieu ; c'est encore par orgueil qu'il
ménage la femme trop faible pour mériter sa colère. C'est
elle qui l'a perdu, sans doute ; mais c'est Dieu qui l'a voulu.
Voici, du reste, le passage où Milton fait tenir au premier homme,
un langage si cruel ; il parle à Eve :

« Hæc me consiliis vicit devicta sinistris,
« Et sibi jam notum persuasit sumere pomum.
« Ista mali caput est, crimen surrexit ab ista.
« Credulus ipse fui, sed credere tu docuisti.
« Connubium donans, et dulcia vincula nectens.
« Atque utinàm felix, quæ quondam sola vigebat,
« Cælebs vita foret. »

L. 3. V. 98-105.

« Loin de moi, serpent que tu es ! C'est le nom qui te con-
« vient, à toi liguée avec lui, toi-même aussi fausse, aussi haïs-
« sable ; il ne te manque rien qu'une forme semblable à la sienne
« et sa couleur de serpent, pour déceler ta fraude intérieure...
« Tu brûlais d'être vue du démon lui-même ; présomptueuse, tu
« croyais le vaincre !.. Je m'étais imaginé que tu étais sage, et
« je n'aperçus pas qu'en toi, tout n'était qu'apparence plutôt que
« solide vertu... Ah ! pourquoi Dieu, créateur sage, créa-t-il cette
« *nouveauté* sur la terre, ce beau *défaut* de la nature (1) !»

La dernière expression, quoique spirituelle, n'est pas digne de
l'épopée. Si, dans saint Avite, Adam a le tort grave de s'en prendre à Dieu, c'est un trait de plus qui peint l'homme tel que l'a
fait sa première faute ; dans Milton, c'est un mari jaloux qui a la
parole ; le poëte sorti du paradis, pour entrer dans une ta-
verne, oublie le précepte d'Horace : « *Nè... migret in obs-*
« *curas humili sermone tabernas.* » Remarquons cependant
que la vigueur du génie de Milton se fait sentir, jusque dans ses
défauts, et relève même la trivialité du fond, par un tour original.

Mais Dieu juge les coupables ; après avoir reproché à la femme
d'avoir renversé de son trône la raison supérieure de l'homme, il
dit au malheureux Adam :

« Formé du limon de la terre, tu retourneras à la terre. Mais
« avant de mourir, tu verras expirer l'un de tes fils, tu verras
« tomber sur ta race les châtiments que tu as mérités, afin que
« l'image de la mort t'apparaisse plus redoutable, et que tu
« comprennes ce que c'est que d'avoir péché, ce que c'est que
« de pleurer les morts, ce que c'est que de mourir ! ... L'un
« de tes deux enfants, levant sur l'autre un bras homicide,
« trempera du sang de son frère la terre à peine sortie du
« néant. Depuis ce jour ta postérité supportera des maux de

_____

(1) Milton. Paradis Perdu. V. 296 s. q. Ch. 4.

« toute espèce ; elle acquittera sa dette à la mort, au milieu
« d'innombrables afflictions, jusqu'au jour suprême où le vieux
« monde s'écroulera.... » Adam avait entendu, et la terre trem-
« bla d'épouvante (1). »

Ce dialogue entre Dieu, Adam, et la femme, qui interrogée à
son tour, n'ose répondre, muette de saisissement et rendue à sa
faiblesse, n'est pas sans grandeur, ni dépourvu d'élégance dans
l'expression.

Milton n'a pas donné la parole à Dieu, mais à l'archange Michel.
Du haut d'une colline d'où l'on aperçoit la demeure future des
exilés, il leur découvre l'histoire de leur postérité déchue. Le
poëte s'est-il souvenu d'Anchise et d'Enée, au sixième livre de
l'Enéide? Ce tableau de l'avenir, a, depuis Virgile, plusieurs
fois déjà, tenté le génie des auteurs Epiques. Il nous semble qu'il
y a plus de mérite à intéresser l'esprit, sans imiter. Saint Avite,
sans doute, d'après la Genèse, annonce par la bouche de
Dieu aux coupables, les maux qui dans la suite naîtront de
leur faute ; mais il devait se conformer à l'Ecriture sainte, et ne
pas déroger à l'histoire. Il était naturel aussi que le juge pronon-
çât la sentence, et développât son arrêt, plutôt qu'un ange fait

---

(1) « Limo formatus rursùs redigeris in arvum.
« Antè tamen proprium nati præcurrere lethum
« Conspicies, pœnas que tuas in prole videbis,
« Ut metuenda magis cernatur mortis imago ;
« Peccasse agnoscas quid sit, quid mortua fleri,
« Quid ve mori. Ac nè quid desit tibi forma malorum
« Quæ castigandis corruptus parturit orbis.
« Acrior immenso miscebitur ira dolori...
« Alter in alterius consurget funera frater,
« Tellurem que novam cognato sanguine tinget
« Exin posteritas, varios passura labores,
« Casibus in multis mortalia debita pendet...
« Audierat, motum que dedit contremita tellus. »

L. 3. V. 176-194.

seulement pour l'exécuter. — Par une heureuse invention, le poète du sixième siècle, suit dans leur exil les deux époux, et nous dépeint leurs impressions. C'est un des beaux passages du poéme ; saint Avite s'exprime ainsi :

« Bien que les champs se montrent à eux, verdoyants de gazon et peints de fleurs variées, la face du monde leur semble sans beauté, après la tienne, ô Paradis !.. Tout offense leurs regards, et, comme c'est l'ordinaire de l'homme, ils aiment d'avantage ce qu'ils ont perdu. Le monde paraît se resserrer devant eux ; l'extrémité de la terre est loin, et cependant les presse. Le jour est terne ; sous les yeux du soleil ils se plaignent que la lumière a disparu ! les astres gémissent dans le ciel plus éloigné de leur tête ; ils aperçoivent à peine, dans le lointain, ce qu'ils touchaient auparavant ! » (1)

« Il y a quelque beauté et quelque hardiesse dans cette « poésie ! A l'homme déchu la terre semble se retrécir, et l'é- « craser de sa petitesse, comme le ciel, qui se retire, l'accable « de son vide immense et de sa distance infinie (2). » Ajoutons que saint Avite a peint très-poétiquement ce qui se passe en nous, quand une douleur poignante nous oppresse, nous serre le cœur, et jette un voile de deuil sur ce qui nous entoure, transforme à l'image de notre tristesse l'horizon le plus riant, le soleil le plus radieux, le ciel le plus

---

(1) « Germinibus quanquàm variis, et gramine picta,
« Et virides campos, fontes que et flumina monstrans,
« Illis fœda tamen species mundana putatur,
« Post, paradise, tuam ; totum cernentibus horret,
« Utque hominum mos est, plus quod cessavit amatur.
« Angustatur humus, strictum que gementibus orbem
« Terrarum finis non cernitur, et tamen instat. .,
« ... Astra gemunt, tactus que priùs vix cernitur axis. »
L. 3. V. 199-208.
(2) Histoire de la Littérature française, au cinquième siècle, Ampère. 183-184 p. T. 2.

pur. Nous étouffons, emprisonnés entre le ciel et la terre !....
C'est là vraiment la douleur, telle que l'homme a dû la sentir dans
tous les temps, mais surtout la première fois; et ce n'est pas un médiocre mérite, pour saint Avite, d'avoir su le rendre avec autant
de fidélité.

Malheureusement le poéte, dans une digression d'une centaine
de vers, et dans une liaison peu adroite, s'étend avec une com-
plaisance trop grande sur l'histoire du pauvre Lazarre et du mauvais riche; malgré cette nouvelle faute contre l'unité du sujet,
il est intéressant dans plus d'un détail, surtout quand il peint
l'âge de fer :

« C'est alors (1) que les bêtes fauves commencent à exercer leur
« fureur; longtemps timides la conscience de leur force les
« excite, pour la première fois, à la lutte : leurs ongles, leurs
« dents, leurs cornes sont désormais des armes... les vents en-

---

(1) « Indè truces sævire feræ, dudùm que timentes
« Excitat ad pugnam tùm primùm conscia virtus,
« Reddit et armatas unguis, dens, ungula, cornu.
« Ipsa etiàm leges ruperunt tunc elementa,
« Et violare fidem mortalibus omnia certant.
« Inflatur ventis pelagus, volvuntur et undæ,
« Excitus que novum turgescit pontus in aestum.
« Tunc primùm tectis tetra caligine cœlis,
« Ingratos hominum castigatura labores,
« Grandineos pavidis fuderunt nubila nimbos,
« Atque polus discors invidit germina terris;
« Posteritas nàm quanta ferat dispendia rerum,
« Non cui vel centum linguæ vel ferrea vox est
« Enumerare queat...
« Quid dicam celsas præclaris cœtibus urbes
« In deserta dari...
« Servitio subdi Dominos, famulos que vicissim
« Præferri Dominis...

L. 3. V. 320-346.

« flent la mer, les flots se soulèvent ; l'Océan nouveau se gon-
« fle et bouillonne... Pour renverser les travaux inutiles des
« hommes et les châtier, le ciel laisse échapper la grêle des
« nuages tremblants ; l'air, en proie aux tempêtes, envoie à la
« terre ses fruits... il faudrait cent voix, une langue de fer pour
« énumérer tant de maux ! » Le poéte semble s'oublier, un
instant, dans sa description, pour décrire les maux de son
temps : « Les villes deviennent des déserts, les peuples sont dis-
« persés, l'univers est déchiré, les maîtres deviennent esclaves,
« et les esclaves deviennent les maîtres à leur tour. »

Saint Avite ne peint-il pas, sans y penser, les invasions de
son temps, quand il croit ne peindre que l'invasion du péché ?

Le troisième chant se termine par une prière adressée au
Christ de mettre fin à tant de malheurs. L'auteur rappelle
l'histoire de l'enfant prodigue, celle du bon larron, celle du
bon Samaritain. Ces nouveaux développements, un peu longs,
appartiennent au sujet.

En parcourant ces trois premiers livres, où saint Avite, suit
la Genèse, librement, sans être infidèle ni servile, nous re-
trouvons l'agréable facilité d'Ovide et sa clarté, parfois l'heureuse élégance de Virgile, et l'énergique précision de Lucain ;
mais trop souvent le poéte se montre abstrait, raffiné, puéril ; il est barbare dans ses néologismes ; il se perd dans des digressions que l'on pardonne à l'apôtre sans les pardonner à l'écrivain. Bien inférieur à Milton, qui a du génie et une merveilleuse
vigueur, le trait et l'originalité, il le surpasse plus d'une fois par
la vérité des sentiments, la délicatesse, la grandeur religieuse ;
il est dramatique sans apprêt, toujours à la hauteur d'un sujet
divin, souvent plus complet, plus profond que le poéte Anglais.
Dans certains passages, c'est un poéte descriptif de premier
ordre ; mais un mot, un vers décèlent toujours l'écrivain d'une
époque de décadence (1). D'ailleurs, eût-on le goût parfait, on

(1) Exemples de néologismes : Plasma, Protoplasti, mundana, centri etc.

n'est jamais qu'un imitateur, en écrivant dans une langue morte. C'est là qu'est le défaut capital du Paradis perdu de saint Avite.

QUATRIÈME CHANT.

LE DÉLUGE.

La peinture du déluge forme un poême à part et qui a même une sorte de prélude en vers, où l'évêque de Vienne annonce le sujet qu'il va traiter ; il débute ainsi :

« Je vais chanter (1) le déluge, les vices qui envahirent jadis,
« tous à la fois, et infectèrent le monde, et l'impiété juste-
« ment punie par le déluge, et la mort répandue sur toute la
« surface de la terre !....

L'auteur nous prévient qu'il n'est point question du déluge raconté par les poétes profanes, mais de cette catastrophe véritable qui submergea la terre souillée des crimes du genre humain.

Pour nous peindre les progrès de la corruption universelle, saint Avite emploie cette comparaison très-juste. « Il arrive à « l'homme, ce qui arrive à un champ naturellement fertile,

---

(1) « Infectum quondam vitiis, concordibus orbem,
    « Legitimum que nefas laxata morte piatum
    « Diluvio repetam.,. »
        L. 4. V. 1-3.

« mais inculte depuis longtemps ; (1) le laboureur négligent
« a-t-il, un jour, épargné le travail de ses mains et de ses
« bras ; a-t-il laissé reposer la charrue fatiguée ; le gazon durcit
« d'abord ; la terre paresseuse bientôt hérissée d'épines et de
« fruits sauvages ne sait plus porter les fruits d'un travail bien
« ordonné ; elle montre, au loin, un fouillis d'arbres variés ;
« elle menace de se transformer en une vaste forêt. Si la faux
« ne vient, à temps, trancher cette végétation et purger le sol,
« ce ne sont plus seulement des arbrisseaux qui s'entrelacent,
« c'est un bois épais dont les racines élèvent dans les airs des
« arbres aux rameaux luxuriants, au feuillage stérile. Enfin,
« sous les branches qui courent dans toutes les directions, s'en-
« ferme la nuit profonde ; le soleil fuit devant les ténèbres
« favorables aux bêtes fauves ; la forêt leur offre un asile et la
« sécurité. »

Il fallait s'arrêter là ; mais le poéte aussi impuissant qu'Ovide
à vaincre sa facilité, affaiblit sa pensée par de nouvelles images et perd en sobriété ce qu'il croit gagner en abondance.
Virgile, le maître qu'il faut suivre, entre plusieurs comparaisons,
choisit la plus vive, s'arrête aux traits les plus expressifs, laisse
au lecteur le soin, le plaisir de deviner ce que le poéte ne dit

---

(1) « Agricola oblitus si brachia fortè remisit,
  « Laxavit que manus, fesso que quievit aratro,
  « Pigrescit primùm durato cespite tellus,
  « Mox rudibus ramis atque aspera palmite crebro
  « Disciplinatos dissuescit promere fructus,
  « Effundit frutices varios, sylvam que minatur :
  « Quam si nec sera succisor falce repurget,
  « Non jàm virgultis, sed denso stipite lucus
  « Texitur, et steriles diffundit in aera frondes;
  « Donec conclusa ramis currentibus umbra,
  « Mox opportunæ, depulso sole, tenebræ
  « Jàm secura feras invitent credere lustra, »

L. 4. V. 42. 53.

pas, et fixe sur une pensée ou sur un sentiment l'esprit et le
cœur, assez de temps pour les charmer, trop peu de temps pour
les fatiguer et les distraire.

Mais les crimes des hommes ont lassé la patience de Dieu.
Il lance du haut du ciel cette froudroyante menace :

« (1) O toi, qu'aucun bienfait n'attire, que n'arrête aucune
« loi ; toi, qui n'obéis qu'à l'antique dragon, race effrénée des
« hommes, plus corrompue que les âges passés ! Il ne suffit
« donc pas que le serpent ait triomphé de l'innocence d'Adam ;
« non contents d'hériter de la souillure paternelle, les vivants
« cherchent à mériter la mort par leurs propres fautes. Ma lon-
« gue attente n'a servi de rien : tout le délai accordé par ma
« clémence s'est consumé dans le crime; trop longtemps déjà
« ma patience a comprimé l'explosion de mon courroux, le
« jour de la vengeance est enfin arrivé !... La foudre ne lan-
« cera pas du ciel les ardentes flammes ; un vaste abîme ne
« s'ouvrira pas au sein de la terre, bien qu'elle soit écrasée
« sous le poids de ses forfaits ; mais le globe souillé de vices
« s'abimera dans les flots. Que l'antique chaos reparaisse à la

---

(1) « O nullis attracta bonis, nullis que repressa
  « Legibus; antiquo tantùm submissa draconi,
  « Effera gens hominum, ducto corruptior ævo.
  « Non Evam cecidisse sat est ; transcenditur omni
  « Inventor lethi lapsu : nec sufficit illud,
  « Vicit inexpertum quod serpens pristinus Adam.
  « Non contenta suo fœdari vita parente,
  « Affectat mortem propria virtute mereri;
  « Expectasse diù non profuit; insuper omne
  « Concessum venia rapuerunt crimina tempus.
  « Jàm nimiùm longas patientia presserit iras;
  « Vindictæ jàm tempus adest. Non fulmina cœlo
  « Flammeus ardor aget; vasto nec cedet hiatu
  « Quæ premitur nimio succombens terra tumu..tu etc. »

L. 4. V. 145-166.

« surface du monde ; que la masse des eaux reprenne son pre-
« mier empire ; que la terre s'enfonce sous les ondes, qu'ense-
« velie de nouveau, elle se perde sous l'abîme informe et pe-
« sant de l'élément liquide. Périssent aussi les vivants ! Que
« toute chair soit détruite ! »

« Le Père éternel réglait ainsi la mort de tout ce qui existe ; et
« sa droite prête à lancer les eaux du déluge menaçait l'univers
« entier. »

Ce tableau ne manque pas de grandeur ; la majestueuse len-
teur du juge, qui fait, pour ainsi dire, son réquisitoire, avant
de prononcer sa sentence ; l'espèce d'hésitation où il se complaît,
comme s'il attendait encore une marque de repentir des hommes,
cette colère divine, mêlée d'une sorte de découragement, donnent
au passage entier un caractère d'originalité et suspendent l'âme
émue. La plupart des vers sont clairs, faciles, élégants même ; la
coupe en est variée ; ils coulent de source. Il n'est pas si facile
de faire parler à Dieu un langage digne de lui ! Saint Avite connaît le langage du ciel.

Cependant tous les hommes ne sont pas méchants ; il en est un
qui est resté juste : c'est Noë. Dieu, du sein des chœurs célestes,
lui envoie un ange pour l'avertir et le sauver. Il est naturel qu'il
charge un ange de cette (1) mission ; le Créateur ne pouvait s'a-
baisser jusqu'aux détails où va descendre Gabriel, qui décrira au
patriarche les formes et les dimensions de l'arche. Le poète, en
cet endroit, a peut-être imité Virgile qui envoie Iris porter aux
hommes les ordres de Jupiter ou de Junon. On surprend l'imitation dans certains vers, comme dans celui-ci :

---

(1) « Hic rerum solers, summus que Archangelus, alto
« Aera per liquidum, levibus circumdatus auris,
« Vibratas que movens ignito in corpore pennas,
« Nulli conspectis ad terram motibus ibat. »
L. 4. V. 213-216.

« Horrescit visu subito perterritus heros. »

C'est la première fois que Noë passe pour un héros ; on en fait plutôt un pieux patriarche. Bientôt le juste obéit à Dieu : le Pélion, le Pinde, l'Ossa, l'Atlas laissent tomber, sous la cognée, leurs troncs séculaires, pour sauver une famille et le monde. Le poéte ne résiste pas à ses souvenirs classiques. On dirait un païen chargé de nous raconter le déluge de Deucalion, malgré la protestation des premiers vers. Combien Cl. Marius Victor, d'ordinaire si inférieur à saint Avite, ne l'a-t-il pas surpassé en cet endroit :

« Il obéit, il attaque son ouvrage ; il jette à bas les forêts pro-
« fondes ; il coupe les racines des vieux chênes ; les rayons du
« soleil pénètrent dans les bois sacrés ; la campagne se dégage
« des ombres, et les vallées se dépouillent de leurs arbres (1)
« aussi âgés qu'elles. »

Le patriarche a terminé son immense navire ; parmi les hommes, les uns se moquent de Noé ; les autres sont frappés d'admiration ; aucun ne songe à se convertir. Ici le poéte redevient apôtre et invite le siécle au repentir. Mais, une fois l'arche construite, les animaux frappés d'une terreur mystérieuse, accourent à l'appel de Noë. Alors commence une nouvelle digression sur Jonas, envoyé vers les Ninivites, plus dociles à la voix du prophète que les contemporains de Noë à sa voix.

Enfin la famille épargnée se retire dans l'arche protectrice. « Nous n'y voyons pas entrer d'esclaves, dit saint Avite ; l'escla-
« vage prit naissance le jour où le second père du genre humain
« maudit Cham et sa postérité. » Hâtons-nous d'arriver à un pas-

---

(1) « Jussum opus aggreditur, densas prosternere sylvas
« Incipiens, atque annosos proscindere quercus,
« Admittunt luci radios, umbris que levatur
« Campus et æquævo spoliantur robore valles. »
    L. 2. Commentar. In Genesin.

sage où l'évêque de Vienne se montre vraiment poéte ; il peint
la chûte des eaux : « Ce n'est (1) pas une pluie qui tombe
« goutte à goutte ; le ciel se déchire et verse des fleuves... Ce
« n'est plus le ciel seul qui répand des eaux ; la terre aussi,
« fait éclater son courroux ; le sol s'entrouve de toutes parts et
« livre passage à des ondes jaillissantes, à des fleuves jusqu'alors
« inconnus. Les eaux, qui montent vers le ciel, comme si les lois
« de la pesanteur étaient changées, se mêlent aux eaux qui tom-
« bent du ciel. Les éléments réunissent leur fureur pour la des-
« truction Universelle. Tous les fleuves abandonnent leur lit, les
« digues sont rompues, et les flots déchaînés étendent partout
« leurs ravages... L'Océan lui-même viole les lois éternelles qui
« lui sont imposées ; il quitte son Empire pour enrichir des royau-
« mes étrangers et renverser l'harmonie de la nature... Dès que
« les fleuves renommés par leurs cours majestueux, sentent les
« cruelles fureurs de la mer, ils fuient un instant stupéfaits de
« ce flux inconnu. Leurs eaux, comme si elles comprenaient la
« nécessité de reculer, soulevées et refoulées par l'Océan vers
« leur source, débordent sur la terre ; mais l'Océan les poursuit

---

(1) « Nec longum pluviæ species, non denique guttæ
« Stillant, sed rupto funduntur flumina cœlo...
« Rumpitur omne solum, crebros dant arva meatus,
« Prosiliunt fontes, ignota que flumina manant...
« Conjurant elementa neci ; transcenditur omnis
« Riparum limes fluviis, atque obice rupto
« Sævit laxatis discurrens humor habenis,..
« Dissipat æternas leges, et sede relicta
« Regna aliena petens naturæ fœdera turbat.
« Ut diros pelagi primùm sensere furores
« Illustres fluvii, magnos quos inclyta cursu
« Fama refert, motus que novos stupuere parùmper,
« Ut credas sapuisse fugam, sic versa retrorsùm
« Per terras spargunt sublata volumina ponto ;
« Insequitur tamen Oceanus. »

L. 4. V. 439-472.

« et les presse, lançant contre eux la masse de ses ondes sa-
« lées. »

M. de Vigny a aussi personnifié l'Océan, dans cette énergique
peinture du déluge :

> « Tous les vents mugissaient, les montagnes tremblèrent;
> « Des fleuves arrêtés les vagues reculèrent,
> « Et du sombre horizon dépassant la hauteur,
> « Des vengeances de Dieu l'immense exécuteur,
> « L'Océan apparut... bouillonnant et superbe,
> « Entraînant les forêts comme le sable et l'herbe,
> « De la plaine inondée envahissant le fond,
> « Il se couche en vainqueur dans le désert profond,
> « Apportant avec lui, comme de grands trophées
> « Les débris inconnus des vagues étouffées ;
> « Et là, bientôt plus calme en son accroissement,
> « Semble, dans ses travaux s'arrêter un moment,
> « Et se plaire à mêler, à briser sur son onde
> « Les membres arrachés au cadavre du monde. »

Le dernier vers est emphatique ; notre poète, au contraire,
reste constamment naturel. Dans sa description vive, entraînante,
où le trouble des éléments est si bien rendu, le chantre *harmonieux du Paradis Terrestre* montre qu'il sait prendre les
tons les plus variés, et peindre à grands traits la nature, sous
ses différents aspects ; on ne peut même lui reprocher d'avoir
donné une âme à la mer et aux fleuves. Racine n'a-t-il pas dit :
« Le flot qui l'apporta recule à épouvanté ». Saint Avite à pu dire,
à son tour, que les fleuves stupéfaits sont poursuivis par l'Océan.
Le poète n'est peut-être pas aussi heureux, quand il dépeint le
désespoir de l'homme en face de la mort, et ses efforts pour y
échapper. L'homme n'occupe pas sa place dans le tableau ; la
nature le domine, quand elle devrait être seulement le cadre qui
le fait ressortir. Combien n'est-il pas plus habile et plus dramatique ce peintre qui nous montre, au-dessus d'une mer infinie, un
seul point de la terre qui n'a point disparu, mais qui va dispa-

raître, et sur ce point, sur ce roc, un homme. enlaçant, d'une main, un arbre, de l'autre, attirant à lui sa femme, un enfant à la mamelle, tandis que sur l'arbre, enroulé au tronc, le serpent semble railler ,et jouir des maux qu'il a causés !

Enfin Noë sort de l'arche, sain et sauf, avec sa famille. Le double et poétique épisode du corbeau et de la colombe n'est pas rendu sans charme ; mais il fallait peindre le ravissement du patriarche, à la vue du monde renaissant. Saint Avite ne l'a pas fait. Cl. Marius Victor l'a tenté,non sans quelque succès. « Il veut « (1) rassasier son âme et la remplir de joie ; son œil parcourt « tout, dévore tout d'un rapide regard; tout est nouveau pour son « admiration. Ce soleil qu'il connaît si bien... il est plus brillant « qu'autrefois : son sourire est plus radieux ; le bleu du ciel est « plus gai ; les champs désolés ont une verdure et des fruits nou- « veaux à ses yeux : et cependant se déroule encore devant lui, le « spectacle mémorable d'une si grande ruine » ! Pour saint Avite, l'arche qui surnage, tandis que l'Univers disparaît, c'est l'Eglise victorieuse des tempêtes de l'hérésie, c'est la barque invulnérable de Jésus Christ. La comparaison est grande... Mais Noë descendu à terre offre un sacrifice à Dieu, et Dieu contracte avec lui son alliance figurée par l'Arc-en-ciel. Les hommes n'ont plus à craindre le déluge; cependant les flammes peuvent punir de nouveaux rebelles à la loi du Christ.

Des quatre chants que nous avons parcourus, ce dernier est le plus élégamment écrit ; il présente moins de fautes de goût que les précédents ; il offre même un heureux contraste entre la

---

(1) ..... Animum que volens satiare replendo
« Cuncta haurit, rapido perlustrans omnia visu,
« Ut nova miratur : noto fulgentior ortu
« Et mage sol rutilus ridet ; majore sereno
« Læta poli facies, et desperata virescunt
« Fœtibus arva novis ; sed adhuc versatur imago
« Antè oculos, tantæ semper memoranda ruinæ. »
L. 2. V. 429-435.

désolation de la terre et les joies du ciel. La description du
déluge, malgré les digressions et la mythologie, serait excellente,
si l'homme coupable y paraissait davantage.

CINQUIÈME CHANT.

PASSAGE DE LA MER ROUGE.

Ce chant ou plutôt ce poéme ne manque pas de beaux vers,
mais l'invention y fait défaut. Saint Avite suit le récit de Moïse,
pas à pas ; il peint la malheureuse condition des Hébreux op-
primés par les Pharaons, les dix plaies d'Egypte, la fuite des
Israélites, l'armée des Egyptiens submergée tout entière. Il n'a
pas fallu moins de sept cents vers à l'auteur, pour traiter son
sujet, tant la matière est abondante ; il n'oublie aucun détail, et
tandis qu'il se traîne dans un commentaire fastidieux, il perd
son éclat, sa vigueur, son originalité, malgré de beaux passages.
Manquant d'une inspiration suffisante, il tombe dans des fautes de
goût plus fréquentes. Au sujet d'un miracle de Moïse, ne nous dit-
il pas que Pharaon :

« .... Conterritus hæsit,
« Æternùm que *niger* tùm *palluit ore* tyrannus. »

Le poéte se relève un peu plus loin quand il fait parler ainsi
ce même Pharaon : « Pourquoi (1) tant de tumulte, et quel est le
« Dieu nouveau, qui, pour réclamer son peuple m'envoie des
« oracles menaçants ? Vraiment, c'est bien de ces futiles pensées

---

(1) « Ille fremens inquit : « quæ causa tumultus,
« Quis ve novus populum Deus exigit, omine misso?
« Scilicet hæ vacuæ tangunt cœlestia curæ . . » etc.
L. 5. V. 48-53.

« que s'occupe le ciel! Quoi! votre Seigneur voudrait, aujour-
« d'hui, ravir d'anciens serviteurs à leurs maîtres? Il annoncerait
« ses volontés à d'orgueilleux rebelles! Quel serait donc ce Dieu
« auquel je serais tenté d'obéir ? Du haut de ce trône qu'a
« donc à redouter ma royale puissance? »

Après une digression sur la fin prochaine du monde, la
mort des premiers nés d'Egypte inspire à saint Avite un tableau
assez banal, et qui aurait pu être pathétique ; il est cependant
semé de quelques beaux vers, ceux-ci entr'autres :

« Les mères (1), en pleurant, accourent aux funérailles ; de
« leurs poings elles frappent leurs poitrines, elles arrachent leurs
« cheveux. Chacune d'elles gémit sur son propre deuil ; un seul
« cri résonne dans l'air ; les larmes coulent de tous les yeux ; il
« n'est pas de maison qui n'ait son mort ; de toutes parts s'élève
« une voix tumultueuse et confuse. »

Mais les femmes irritées courent au palais du roi, et le sup-
plient de laisser partir les Israélites : « En (2) leur faveur, s'é-
« crient-elles, combat une main vengeresse, armée de tous les
« fléaux : l'Univers entier s'arme pour eux ; le ciel naguère irrité
« leur sourit. Une puissance secrète, divine, supérieure à tous,
« exerce sa fureur contre votre sceptre, et par la perte de la ville
« entière, venge toute la nation des Juifs. »

---

(1) «.... Currunt flentes ad munera matres,
« Pectora contundunt pugnis, crines que revellunt
« Crinibus, et nigras festinant scindere malas.
« Nec Dominos planxere diù, mox occupat omnes
« Luctus quemque suus, sonat unus in æthere clamor... »
L. 5. V. 292-296.

(2) « Militat omne malum, totus cui denique mundus
« Pugnat et irato succedunt prospera cœlo.
« Vis quædam secreta Dei, major que potestas
« Hæc in sceptra furit, gentem que ulciscitur ipsam
« Urbis jactura..... »
L. 5. V. 310-314.

Le Pharaon cède à leurs prières. Les Hébreux quittent l'E-
gypte, « emportant les trésors du tyran avare (1). » Ils sont aussi
nombreux « que les étoiles du firmament, que les vagues d'une
« mer agitée, que les grains de sable poussés vers le rivage.. »
Saint Avite énumère longuement leurs armes, l'ordre dans lequel ils s'avancent, leurs escadrons nombreux. La nuit, une colonne de feu les éclaire : « Dès le premier soir (2), une flamme
« resplendissante se dresse comme une colonne dans les purs
« espaces de l'éther. Elle n'a point le sinistre éclat de ces mé-
« téores dont l'apparition, dans le ciel embrasé, menace la
« terre d'une année désastreuse, par les maladies, les guerres,
« les fléaux ; mais les rayons qu'elle projette réjouissent par
« leur blanche clarté. Cette lumière limpide remplit le camp
« d'admiration ; les ténèbres se dissipent, les étoiles voisines dis-
« paraissent. La stupeur s'empare d'abord des Hébreux : tous
« sont frappés d'épouvante, à la vue de ce prodige nouveau ;
« mais insensiblement la jouissance de cette douce lumière leur
« en fait aimer la flamme céleste !... — Les Egyptiens sont à
la poursuite des Juifs ; après eux ils pénètrent dans le lit ouvert
et mis à sec de la mer Rouge. Mais les Hébreux ont gagné
la rive opposée ; les eaux se referment sur les Egyptiens et
les engloutissent à la voix de Moïse. Le spectacle est grand ; le
poëte malgré des longueurs, n'est pas tout à fait indigne de
l'épopée qu'il raconte ; mais il est vraiment sublime, quand il

---

(1) .... Portantur avari
« Sic Pharaonis opes. »
L. 5. V. 384-385.

(2) « Vespere tum primo stanti assimulata columna
« Inusistens puro resplenduit æthere flamma :
« Non tamen ut noto dirum micat ignis in axe,
« Prodita cum terris cœli portenta minautur,
« Seu morbis tristem, bellis que aut cladibus annum ;
« Sed radiis fulgens et lumine candida læto, » etc.
L. 5. V. 400-440.

dépeint le désastre de toute l'armée et la mort du Pharaon. Ici, du moins, l'homme occupe sa place dans le tableau, et le tyran, sur le point de périr, vaincu sans être dompté, offre le spectacle terrible de l'orgueil aux prises avec le Dieu qui le châtie : « Soudain retentit un bruit pareil à celui du tonnerre ; « de toutes parts se précipitent les ondes; elles envahissent la route « où s'est engagé le roi Pharaon, poussé par son heure dernière... « Les guerriers épouvantés prennent la fuite, en jetant leurs armes; « la mer les presse, les poursuit sans relâche; partout s'écroule et « disparaît la muraille que formaient les ondes maintenant déchaî- « nées... Pharaon, toujours fier, quoique radouci par la présence « de la mort : « Ce n'est point au courage des hommes qu'est due. « cette victoire, s'écrie-t-il ; nous nous rendons ; mais le ciel est « l'ennemi qui nous abat. » Le brillant roi de la cour de Mem- « phis, dont les blancs coursiers obéissent à un noir conducteur, « est témoin de sa propre ruine ; il survit à tout son peuple et fait « enfin naufrage avec son char, au milieu des flots qui l'envahis- « sent. Spectateur tranquille d'un combat livré par la mer, Israël « triomphe sans fatigue : alors la vallée comblée disparaît, le flot « reprend sa route, la plaine liquide reprend son cours tran- « quille. » (1) Il y a quelque chose de saisissant dans le contraste de la victoire paisible des Hébreux, et de cette plaine unie qui recouvre comme d'un linceul le naufrage récent de toute une ar- mée, de son roi, si fier jusque dans la mort ! Remarquons cepen- dant que, même dans ses plus beaux passages, l'auteur ne sait

---

(1) « Hinc subitus crepitare fragor ; tonat indiquè circùm
« Lympha ruens, primùm que illic committitur unda,
« Qua monstrabat iter Phario sors ultima regi...
« .... Trepidæ dant terga cohortes,
« Arma que projiciunt ; pontus fugientibus instat
« Occurrit que sequens : perit undiquè circumjectus
« Decurrentis aquæ laxatis murus habenis.
« Ille ferus semper, jam mitis morte sub ipsa...
« Ultimus ingressis per currum naufragat undis, »
L. 5. V. 659-694.

pas trouver l'image unique, égale au sentiment qu'il veut exprimer. Quoique la mort de Pharaon termine heureusement le passage de la mer Rouge, on croirait déjà que ce poéme est l'œuvre d'un vieillard, tant l'écrivain est prolixe, inhabile à offrir aux regards, dans quelques traits, un vaste horizon.

SIXIÈME CHANT.

DE LA VIRGINITÉ.

Le sixième chant des poésies de saint Avite est intitulé : « Consolation à ma sœur Fuscine. Eloge de la Virginité. » C'est encore à la sollicitation de son frère Apollinaire qu'il publia ce poéme pour le quel il avait une préférence marquée. Il souhaite cependant que des parents ou des amis soient seuls admis à le lire. Il l'a composé, sans prétention, en l'honneur des vierges de sa famille. Il ajoute qu'il renonce, pour toujours, à la poésie.

« Je ne veux plus, écrit-il, mettre des (1) vers sur pied, à
« moins qu'un motif puissant ou quelque nécessité ne m'extor-
« que, un jour, quelque petit poéme. Encore je le ferai si petit,

---

(1) Præfatio in librum Sequentem. Apollinari Ep. Avitus frater.
« Sanè à faciendis versibus, pedibus que jungendis pedem de cætero relaturus,
« nisi fortè evidentis causæ ratio extorserit alicujus epigrammatis necessi-
« tatem; cujus tautam exiguitatem fore polliceor, ut ei aliud nomen assu-
« mere nec ipse præsumas.. Decet.. nec in eo immorari quod paucis intelligentibus
« mensuram syllabarum servando canat... »

« que tu n'oseras pas même lui donner ce titre. Il convient à ma
« profession et à mon âge, si je dois encore quelquefois écrire,
« de consacrer mon temps et ma peine à un ouvrage plus sérieux,
« et de ne pas perdre mes loisirs, à aligner en mesure des syl-
« labes, au risque de n'être compris que de *rares lecteurs* ; c'est
« à la foule que je dois m'adresser, pour la servir et lui mesu-
« rer les règles de la foi ! »

Ce qui a fait longtemps la fortune de ce poème, c'est le grand
honneur où l'on tenait la virginité ; le sujet en lui-même, était
beau et méritait d'être mieux traité. Le début cependant ne manque ni de grâce ni de poésie :

« Reçois, vierge chérie du Christ, (1) le présent que vient
« t'offrir, avec ses vœux, ton frère Alcime ; si ma plume est inha-
« bile, considère la grandeur du sujet, et que cet humble poème
« te soit un gage de mon ardente affection. Chaque jour, après
« avoir terminé le saint office, après avoir répondu au chant
« des psaumes, à ces douces modulations, où le chant des vierges,
« comme une lyre vivante agitée par la piété, traduit les mou-
« vements du cœur, avec de chastes accords, tu peux, en lisant
« mes vers, donner quelques délassements à ton esprit fatigué. »

Après huit ou dix vers, des plus mythologiques pour affirmer
qu'il n'aura pas recours à la mythologie, saint Avite rappelle à sa
sœur ses jeunes années et le bonheur qu'elle eut d'être consacrée
à la virginité, dès sa naissance :

« Ainsi lorsque la terre (2) nouvellement créée brillait de son

---

(1) « Suscipe, complectens, Christo dignissima virgo,
    « Alcimus ista tibi quæ mittit munera frater..,
    « Nam quotiès sanctum compleverit ordine cursum,
    « Alternos recinens dulci modulamine psalmos, etc. »
        L. 6. V. 1-10.

(2) « Sic quondam, cum prima novo splendesceret ortu
    « Terra nitens, pulchras que darent sua semina fruges, etc. »
        L. 6. V. 27-28. s. q.

« vif éclat et se couvrait de riches moissons, le juste Abel
« conduisait au saint autel un agneau vivant : inspiré par la foi,
« il savait que les bêlements de cette innocente victime touchaient
« les oreilles de Dieu, et le sacrifice d'une seule tête attira la
« bénédiction sur tout le troupeau. »

Le poète rappelle ensuite à Fuscine, Isichius leur père, et leur
mère Audentia ; comment les sages conseils de celle-ci disposè-
rent Fuscine à embrasser la virginité. On saisit, à la fois, dans
ces vers, le cœur d'un frère et d'un prêtre, aussi plein de respect
pour la vierge, que d'affection pour la sœur. Saint Avite lui décrit
l'excellence de son état ; il lui en trace les règles ; il lui remet en
mémoire ses parentes Sévérienne, Aspida, Euphrosine, une autre
Fuscine, qui l'ont précédée dans cette voie glorieuse de la virginité ; mais le saint évêque est surtout expressif dans la peinture
des misères de la vie conjugale ; le tableau n'est pas attrayant ;
il peut dégoûter du mariage, mais c'est tout ; il n'y a là ni élévation, ni poésie. On peut en juger par le passage suivant dont
nous donnons le sens général : « La femme soumise à son époux,
servante et captive, dans le lit nuptial, ne porte que le vain nom
d'épouse ; c'est par une vaine image qu'elle est appelée la compagne de sa destinée ; elle subit son joug bien loin d'être son
égale ; cet enfant qu'elle a porté neuf mois dans son sein, qu'elle
mettra au jour, si douloureusement, elle le perdra dans sa
fleur... » Le poète, plus loin, essaie mais vainement, de mettre en
relief, vis-à-vis des servitudes conjugales les ravissements de la
virginité ; la veine s'est épuisée, le poète se survit. Il est plus
heureux, quand il peint les luttes de la virginité : « Courage, dit-

---

(8) « Quæ subjecta viro, dominum passura cubilis,
  « Servit in obsceno tolerans connubia lecto,
  « Sic captiva tori, cum portet nomen inane.
  « Conjugis et vana dicatur imagine consors,
  « Sola jugo premitur non æquam ducere sortem. »

L. 6, V. 167. s. q.

« il, (1) hâte-toi de ceindre tes reins pour de cruelles batailles ;
« arme ton cœur ; ne vas point, parce que tu es femme, fuir une
« lutte qui soutient l'esprit ; ton sexe, tu le sais depuis longtemps,
« tu l'as lu aussi, n'est pas étranger à la gloire des combats ! »
Mais le poéte ne s'arrête pas là ; dans sa fécondité érudite, il passe
en revue Sisara, Debora, et d'autres ; puis il nous apprend que
Fuscine était savante et qu'elle connaissait l'ancien et le nouveau
testament ! sans doute, à cette époque, la science et la virginité
allaient de compagnie, et les lettres sacrées ne risquaient pas de
faire des vierges précieuses ; saint Aldelhm, dédiait, vers le
même temps, un éloge de la virginité, en vers, à l'abbesse Hil-
debilda. (2) Et Radegonde elle-même, n'est pas devenue ridicule,
pour avoir encouragé Fortunat, et aimé les lettres profanes...
Fuscine a donc pu être savante, mais saint Avite n'a pas su être
poéte, dans un sujet aussi poétique, aussi élevé, que celui de la
virginité. On se demande s'il n'a pas éprouvé pour ce dernier
ouvrage, fruit d'une inspiration tardive, et qui nous donne, du
reste, de précieux détails sur la famille, l'amour excessif que
ressent un père pour le fruit inespéré, mais souvent étiolé de sa
vieillesse. On est tenté d'applaudir, au passage de sa préface, où
l'auteur se promet de renoncer à la poésie, surtout quand il ne
trouve pour célèbrer Prudence, que les vers suivants :

> ...Mentis varias cùm corpore pugnas,
> « Prudenti quondam cecinit Prudentius ore. »

L. 6. V. 369-370.

Mais il ne fallait pas seulement peindre à sa sœur l'esclavage

---

(1) « Ergò age, succinctis ad fortia prælia lumbis
« Armata cum mente veni, nec femina bellum
« Formides quod mens peragit : nàm glória dudùm
« Sexus ista tui nota est tibi sæpè legendo. »
L. 6. V. 336-339.

(2) Ozanam. (Civilisation au cinquième siècle. 16ᵐᵉ leçon.)

de la vie conjugale, et les luttes de la virginité ; dans la deuxième
partie de son poème, saint Avite lui met sous les yeux, l'estime
de Jésus-Christ pour la femme, qui eut les premiers honneurs
de son apparition quand il ressuscita ; quelle ne sera pas la
gloire dont il couronnera la vierge ! il lui rappelle Joseph, un
modèle de chasteté , Daniel, Suzanne, Ruth, Esther, Judith,
Sainte Eugénie dont il lui raconte l'histoire poétique, mais contes-
table. Il ne faut pas seulement que Fuscine garde sa virginité ;
il faut aussi qu'elle multiplie les talents dont Dieu l'a comblée.
Quelques beaux vers semés çà et là ne rachètent pas les longueurs, les digressions, les banalités de ce poème sans poésie.

En finissant, saint Avite mieux inspiré, félicite sa sœur qui
embrasse le parti de Marie, sœur de Marthe, celui de la contem-
plation et du repos :

> « .... Sunt plurima quæ te
> « Obstrictum retinent, melior sed causa quietis ;
> « Lecta que non poterit Mariæ pars optima tolli. »
>
> (L. 6. V. 643-645.)

En somme, tout compensé, qualités et défauts, ne pouvons-
nous pas dire de saint Avite, et des six chants qu'il a composés,
ce que Lamartine a dit d'un autre poète :

> « J'avais pourtant noté d'un doigt reprobateur
> « Tes vers trop tôt ravis à l'amour de l'auteur,
> « Tes vers où l'hyperbole, enfant de la faiblesse,
> « Enflait d'un sens forcé le vide et la mollesse...
> « Sous ces mètres rompus qui boltent en marchant,
> « Sous ces fausses couleurs au contraste tranchant,
> « Sous ce vernis trop vif qui fatigue la vue,
> « Sous cette vérité trop rampante et trop nue,
> « On y sent ce qu'à l'art l'homme demande en vain,
> « Ce foyer Créateur où court un feu divin. »

CONCLUSION.

Essayons de résumer, avec impartialité, le caractère
et les œuvres de saint Avite, né en Auvergne d'une famille
illustre et Gallo-Romaine, alliée à la noble maison des
Apollinaire. Devenu après son père, et peut-être après
plusieurs de ses ancêtres, évêque de Vienne, il montre
d'abord son inépuisable charité, au sujet des captifs, et
son zèle Apostolique dans la lettre admirable adressée à
Clovis converti. Non moins désireux que saint Remi de
faire de Gondebaud, son roi, presque son ami, un prince
orthodoxe, il déploie, au service de sa cause, autant de
prudence que de franchise ; il ferme la bouche aux Ariens
confondus, comme plus tard saint Bernard la fermera à
Abélard, et s'il ne triomphe pas des frayeurs de Gondebaud, jusqu'à l'amener à professer publiquement le
catholicisme , il en fait , du moins, un protecteur de
l'orthodoxie , sans accepter une abjuration secrète ,
indigne d'un roi ; il donne la sécurité aux fidèles ,
en attendant que, sous Sigismond, il assure leur victoire.
L'histoire de ses discussions avec Gondebaud, le montre
sans cesse sur la brèche, perpétuellement en danger de
perdre par sa fermeté les bonnes grâces de son maître ;
mais son énergie le sauve. Plus heureux encore, avec Sigismond, il le convertit, du vivant de son père, lui et ses
enfants. Sigismond succède à Gondebaud ; le catholicisme
triomphe, il faut l'affermir ; et Dieu sait ce que le saint évêque dépense de sagesse, de bonté, de constance pour fixer
ces âmes barbares et mobiles, exposées aux séductions

de l'Arianisme toujours vivace, ou subjuguées par leurs ca-
prices et leurs violentes passions. Saint Avite ose plus
encore ; sans perdre courage, il fait tourner le crime
de Sigismond au profit de la foi, par le repentir ; d'un
parricide il fait un saint. La Bourgogne est transfor-
mée ; les églises se multiplient ; la joie religieuse de
saint Avite éclate dans ses homélies. Il semble qu'une
œuvre si difficile, si bien conduite, devait suffire à une
vie glorieuse. Mais non... l'évêque de Vienne est orateur, écrivain ; il prêche à Lyon, à Genève, à Agaune,
à Namasse : cette foi qu'il a édifiée dans le cœur de
ses rois, il l'affermit en Bourgogne, par son éloquence
empreinte de déclamation, mais forte, élevée et véhé-
mente. C'est un missionnaire. S'il écrit, c'est encore
un apôtre jusque dans ses lettres les plus indifférentes ;
à côté du lettré, du saint, on voit toujours l'ennemi
acharné de l'Arianisme ; dans ses épîtres inspirées par
l'amour ardent de la vérité et les devoirs de sa charge,
(et celles-là sont les plus nombreuses) l'évêque de
Vienne, tantôt défend avec une fermeté digne la discipline ecclésiastique et les mœurs, tantôt dispute avec
l'hérésie ; c'est alors un théologien profond, malgré des
erreurs de détail, convaincu, animé ; c'est un prêtre
savant, versé dans les saintes Ecritures, qui lui servent
à fortifier sa parole et à embellir l'aridité du sujet qu'il
est obligé de traiter. Aux devoirs d'un évêque saint Avite
ajoute ceux d'un métropolitain ; il réunit des Conciles ;
celui d'Epaone, est comme le résumé de sa vie Apostolique, le testament de sa foi, le témoignage le plus
fidèle de son énergie, de sa sévérité même et aussi de

sa libérale tolérance. S'il dépasse, une fois, la mesure, c'est contre l'Arianisme ; c'est un saint, mais c'est un homme et qui savait à fond la faiblesse de l'homme et les séductions de l'erreur. Tant de labeurs n'empêchent pas saint Avite d'être fidèle à son diocèse, d'y construire des églises, d'y faire régner la paix, d'en soutenir les droits et de se plaindre à Rome. Il est condamné par Symmaque et défend bientôt ce pape qui lui a donné tort ; au nom de toute l'Eglise des Gaules, dont il est le plus illustre représentant, il écrit aux consuls de Rome une lettre qui est peut être le plus beau monument de l'Eglise Gallicane. Il prend parti pour Symmaque calomnié, contre les évêques qui l'ont absout et qui n'avaient pas même le droit de l'absoudre, droit uniquement réservé à Dieu. Il écrit alors cette phrase mémorable, « que si le Pape, « est mis en question, ce n'est plus un Evêque, « c'est l'Episcopat entier qui semble ébranlé. » C'est encore Saint Avite qui presse Hormidas de faire tous ses efforts pour réunir l'Eglise schismatique d'Orient au centre de la chrétienté ; il lui envoie deux ambassadeurs ; il félicite Jean de Cappadoce de s'être soumis au siége Apostolique de Rome : « Car si l'Eglise d'O- « rient se sépare du sentiment de celle de Rome, et si « la nuit se passe sur leurs discordes, malheur à l'O- « rient. »

En somme, saint Avite fut, dans la vie privée, un homme rempli de cœur et de simplicité ; il sut être, à la fois, dans la vie publique, actif, doux et ferme, sévère au besoin, prudent sans bassesse, toujours charitable, quel-

quefois magnanime. Gallo-Romain et catholique, il con-
quit les barbares par la double influence de la foi et
de la civilisation, bien qu'il fût, de cœur, un évêque de
la primitive Eglise, dont il semble regretter les apôtres illettrés, mais désintéressés. C'est en même temps
un littérateur distingué, pour son temps, un orateur
plus d'une fois éloquent , un poéte élégant , délicat ,
grave, inspiré même. Mais avant tout c'est un savant
théologien, un ennemi acharné de l'hérésie, le défenseur de la prééminence des papes ; c'est l'apôtre de
la Bourgogne ; un jour même il fut l'apôtre des Gaules (1).

Vu et lu par le doyen de la faculté des lettres.

Besançon, le 5 juin 1876.

TIVIER.

Vu et permis d'imprimer :

Le Recteur de l'académie de Besançon,

LISSAJOU

(1) Voici quel est le sentiment de M. Guizot sur saint Avite :

« C'est le plus distingué, à mon avis, de tous les poétes chrétiens du sixième
au huitième siècle... Il prit surtout une part très active à la lutte des Ariens
et des Orthodoxes de l'Est et du Midi de la Gaule. Saint Avite eut à lutter,
en faveur de l'orthodoxie, non-seulement contre ses adversaires théologiques,
mais contre la puissance civile ; il s'en tira avec sagesse et bonheur, respecté
et ménagé des maitres du pays, sans jamais abandonner son opinion. »
Hist. de la civilisation en France, 62me leçon.

ERRATA

A la page 3, à la dernière ligne, au lieu de MDCCLXXVI, *lisez* MDCCCLXXVI.

A la page 35, au lieu de adhùe, lisez adhùc. N. 1.

A la page 58, au lieu de quædom, lisez quædam. N. 1.

A la page 139, à la 4me ligne, au lieu de, six ivres, lisez six livres.

A la page 160, au dernier vers de la note deuxième, au lieu de prondere lisez : pondere.

A la page 178, à la 4e ligne, au lieu de envoie, lisez : envie.

TABLE DES MATIÈRES.

FIN DE LA TABLE DES MATIÈRES.

Typ. R. Leclercq.

www.ingramcontent.com/pod-product-compliance
Lightning Source LLC
Chambersburg PA
CBHW071948090426
42740CB00011B/1859